民间信仰口袋书系列

主编 徐华龙

仙

黄景春 徐蒙蒙 ¤ 著

上海辞书出版社

总　序

一

中国人的民间信仰是多元、多样和多彩的。这与中国的民族结构有密切的关系。人类学大师费孝通先生说过：

> 中华民族……是由许许多多分散孤立存在的民族单位，经过接触、混杂、联结和融合，同时也有分裂和消亡，形成一个你来我去、我来你去，我中有你、你中有我，而又各具个性的多元统一体。[①]

纵观上下五千年的中国历史，在中华民族我中有你、你中

---

① 费孝通主编：《中华民族多元一体格局》，中央民族大学出版社1999年版，第3页。

有我的"滚雪球"过程中,中华民族从夏商周三代到秦的多元融合走向华夏一体,经历了夏、商、周、楚、越等族从部落到民族的发展过程,又经历了夏、商、周、楚、越等族及部分蛮、夷、戎、狄融合成华夏民族的历史过程。此后,从两汉到清代又经历了从民族互化到汉化成为民族融合主流的历史过程。就是在这悠悠几千年的历史过程中,及至清道光三十年(1851年),中国人口已达 4 亿以上 [①]。进入近现代以后,中华民族这个雪球仍然不断地向前发展,到中华人民共和国建立时,其人口已逾 6 亿;经过改革开放,中国人口已发展到 13 亿之多。

涓涓细流汇成大海,就是在这个长时期的大交往、大交流、大交融的互动、磨合和整合中,中国人的民间信仰才形成多元的格局。

二

这样一来,融入中华民族的各民族或族群,在"滚雪球"

---

① 王育民:《中国人口史》,江苏人民出版社 1995 年版,第 515 页。

的过程中自然而然地又把各民族或族群的民间信仰，带入了中华民族的信仰文化之中，这又铸成了中国人民间信仰多样性的特征。民俗学家乌丙安在《中国民间信仰》一书中曾说过：

> 中国的民间信仰不仅有如天地、日月、星辰等自然体，还有风、雨、雷、电、虹、霓、云、霞、水、火、山、石等自然物和自然力，还有各种动植物等都在崇拜之列。与此同时，民间还崇拜人死后的所谓"灵"以及其遗骨、遗物、遗迹的"灵"；还崇拜人们赋予很多自然物或人工物以化形的"灵"或"精"；还包括崇拜幻象产生的多种职司各异的神灵；还崇拜被认为是附在活人身上的某种"灵"（或神灵、或鬼灵、或精灵）；还崇拜所有人力所不及的幻想中的超自然力量；还崇拜被认为不可抗拒的一种"天命"（宿命）等等，不计其数，包罗万象。①

---

① 乌丙安：《中国民间信仰》，上海人民出版社1965年版，第4—5页。

中国民间信仰的多样还表现在鬼灵的多样上。如蒙古族民间所崇拜的"天",即蒙语称的"腾格里",其后"腾格里"这一概念受各教影响被加上各种称呼,分成众多神灵,如后世就有99个之说,其中西方有55个都是善神,东方的44个腾格里都是恶神。景颇族表现传统信仰的史诗《穆瑙斋瓦》中所祭的鬼就有34种,各不相同。水族的巫书《水书》中收录并给予祭祀的善鬼就至少有54个,各有其名,专司不一,恶鬼至少有99个,鬼性各一[①]。凡此等等,不胜枚举。

这种信仰态势,自然而然地铸成了中国人民间信仰多样性的特征。君不见,古往今来,中国人从天到地,从人到灵,从动物到植物,从幻想物到超自然力,只要你想象得到的一切人和物,中国民间都会创造出一个神来加以供奉和膜拜。

三

文化是要表达的。世上没有不表达的文化,只有表达的

---

① 乌丙安:《中国民间信仰》,上海人民出版社1965年版,第5页。

文化。多元、多样的特点必然会给中国人的民间信仰带来多彩的文化表达。

如在中国人的民间信仰中，灵魂不死观念的表达就光怪陆离。神是宗教及神话中所幻想的、主宰物质世界和精神世界的超自然的存在，据说正直之人死后可为神，动物植物也能成神；而仙是古代道家和方士所幻想的一种超出人世、长生不老之人，他们是由凡人修炼而成；鬼则是人死后不灭的精灵。神、仙、鬼的不同形象，反映了中国人的民间信仰的多彩。

又如佛教诸神是外来的神，道教诸神是中国本土的神。据印度佛教教义，佛是人而不是神，但佛教传入中国后，与中国的传统文化融合而逐步中国化。自宋代开始，佛道两教逐渐打通。这种打通还包括了儒学(有的认为是儒教)的融入，在民间，孔子、观音、弥勒、玉皇大帝、东岳大帝、碧霞元君、吕祖等，都是信仰最广的神祀，所以明清时代的民间祀祠与道观佛寺似乎很难区别，许多民间杂神祠庙或以僧主持或以道主持，也反映了中国人的民间信仰的多彩。

说到这里，笔者想起曾参加过广西贺州瑶族三天三夜的

"还盘王愿"仪式,感受颇深。

"还盘王愿",瑶族又称为"做堂"、"搞愿"、"踏歌堂",举行仪式时要请四位师公,即还愿师、诏禾师、赏兵师、五谷师;四位艺人,即歌娘、歌师、长鼓艺人、唢呐艺人;六位童男童女和厨官厨娘。仪式一开始是请圣挑鬼上光约标,请各路外姓神鬼,即不是瑶族的神鬼到来,设宴招待,接着就祭五谷兵马,引禾归山,祈求丰收,所祭之神以道教神祇和农神雷神为主。在这个请神、请鬼的过程中师公要唱经书。

请神、请鬼和唱了《盘王大歌》后,是请瑶族的祖先神来"流乐"①。这时把道教方面的神像全部撤去,供上长鼓、瑶锦以及用红纸剪凿而成代表瑶族祖先的连州大庙、福江大庙、行平大庙、福灵大庙的神庙凿花,其中福江大庙供奉的是盘王,连州大庙供奉的是唐王,行平大庙供奉的是十二游师,福灵大庙供奉的是五婆圣帝。长鼓艺人表演长鼓舞,歌师歌娘出来围歌堂,童女作新娘装扮以娱盘王。接着就摆下洪沙

---

① "流乐",即瑶语,意"玩乐"的意思。

大筵,众师公和还愿的家主一齐坐台,诵唱《盘王大歌》。最后众人一齐送盘王归去,还愿活动即告结束。①

三天三夜不停地举行着仪式(据说最长的还盘王愿要举行七天七夜),人们虔诚而热情,丰富多彩自不在话下。

凡此种种文化表达,也就自然而然地构成了中国民间信仰多彩的特征。如有福神的福星高照,福运绵长;禄神的加官进禄,富贵荣华;有寿星的寿山福海,星辉南极;有伏魔大帝义炳乾坤,万世人极;有保生大帝慈悲济世,救死扶伤;有媒神的红线拴住脚,千里结姻缘;甚至有驱邪神的大公在此,百无禁忌;有镇鬼神的铁面魁髯,威镇鬼魅;有厕神紫姑的占卜众事,预知祸福,等等,这些都显得人的精神世界像个“万花筒”的化化大世界。

四

多元、多样、多彩的中国民间信仰,本是普通老百姓日常

---

① 刘小春:《瑶族“还盘王愿”与〈盘王大歌〉浅探》,载广西瑶学会编:《瑶学研究》第二辑,广西民族出版社1992年版,第203—205页。

生活的一部分,其中虽有糟粕,但不可全概以"封建迷信"。其中的精华更亟待保护。

冲击首先来自韩国。2005 年 11 月 24 日联合国教科文组织第三批宣布无形遗产名单时,由韩国申报的江陵端午祭被联合国教科文组织正式确定为"人类传说及无形遗产著作"。一石激起千层浪。围绕着端午节申遗之争,从 2005 年 11 月底开始,在中国学术界和民间都产生了极大的反响。有人冷眼看韩国端午节申遗成功。中韩两国在端午节申遗上各显神通,但是最后,中国落败。起源于我国,并且一直延续的一个传统节日,却被另一个国家申遗成功,这是一个发人深省的问题。

端午节起源于我国,这是不争的事实,韩国也承认这一庆典起源是来自中国的传统文化。除我国汉族外,还有满、蒙古、藏、苗、彝、畲、锡伯、朝鲜等约 28 个少数民族都会庆祝这个节日。不仅如此,端午节还很早地传入了日本、韩国、朝鲜、越南等国家,这些国家至今还在欢度端午佳节。由韩国申报的江陵端午祭,就源于中国远古的祭龙日,它的远古文化蕴涵是用龙的威慑力驱除所有的灾疫邪祟。

　　韩国的江陵端午祭本身是一种祭祀活动,主要是祭祀地方的保护神和英雄等,还有一些群众性的娱乐活动。它原名"江陵祭",已有一千多年的历史。直到1926年,因为其时间是从每年的农历四月十五持续到五月初七,与中国的端午节相近,才更名"江陵端午祭"。值得一提的是,在韩国申遗时,首先承认这一庆典起源是来自中国的传统文化,就是端午的时间框架的选择。但是实际上,韩国江陵端午祭是由舞蹈、萨满祭祀、民间艺术展示等内容构成,与我国端午节包含了吃粽子、赛龙舟、纪念屈原等一系列中国传统文化的内容并不相同。

　　虽然如此,因为端午节起源于中国,如果从端午节起源来看,中国的端午节最应该被批准为"人类传说及无形遗产著作"。所以韩国的申遗成功多少有点出乎意料,对于中国人民来说,多少有些失落。但是,因为人类口头遗产和非物质遗产代表作需要具备唯一性、完整性和真实性这三个特点,其他国家的端午节不满足前两个条件,而韩国的申遗成功凭借的就是自己的保护与重视程度,从这点来看,中国是不能比的。

　　韩国申遗成功的冲击,引起了中国对非物质文化遗产保护的强烈反思,其中重要的一点是非物质遗产在中国破坏大于保护。特别可怕的是长期反对封建迷信的大棒早已把中国民间极为丰富多彩的信仰文化摧毁了。

　　其实,中国的民间信仰伴随着历代民众的艰苦岁月,十分缓慢地度过了千万年时光。从远古史前时期的遗址祭坛和残缺的众神偶像上,发掘出中国史前文化史上原始信仰的珍贵形象,又从现存的中国五十六个民族数亿万言的口碑文化史中,也已经读到了浩瀚的植根于乡土文化的准宗教实录和鲜活生动的篇章。民间信仰,在中国文化史上,不容讳言,确实有它极其厚重的分量①。因此,对民间信仰的研究具有重要的学术价值和现实意义。

　　从学术价值上来说,正如历史人类学家郑振满和陈春声在《民间信仰与社会空间》导言中所说:

　　　　民间宗教研究在中国社会文化史研究中的价

---

① 乌丙安:《中国民间信仰·绪言》,上海人民出版社1965年版,第1页。

值,不仅仅在于我们可以把宗教研究作为一种认识手段,更深刻地理解蕴含于仪式行为和周期性节日活动背后关于宇宙、时间、生命和超自然力量等问题的观念,从而有可能用"理性"的方法,认识潜伏于普通百姓日常行为之下的有关"世界观"的看法;也不仅仅这样的研究可能有助于弥补在都市中接受现代教育而成长的一代研究者的知识缺陷,增长他们的见闻,开阔他们的视野,并为其学术生活添加一些有启发性的素材、灵感或有趣的饭后谈资。吸引众多的研究者去关注民间信仰行为的更重要的动机,对于这种研究在揭示中国社会的内在秩序和运行"法则"方面,具有独特的价值和意义。①

从现实意义而言,当下正热火朝天进行着的非物质文化遗产保护,主要指与有形的、物质的文化遗产相对应的那部

---

① 郑振满,陈春声主编:《民间信仰与社会空间》,福建人民出版社 2003 年版,第 1 页。

分文化遗产,包括传统口头文化和行为文化。而民间信仰是在广大民众中自发产生并自然传播的神灵与神物崇拜,它寄托着广大民众对平安、幸福生活的祈求、期望和追求,并以口头或行为的形式广泛地存在于各种民俗事象之中,不仅是非物质文化遗产的重要组成部分,而且是诸多非物质文化事象形成的生命之源和赖以生存的土壤[1]。所以,我们再也不能干消灭民间信仰的傻事了。陈桥驿先生曾说过:"历史上也有极少数绝顶聪明的人,他们洞悉这类崇拜和信仰其实都是子虚,但他们并不出头公开反对,因为他们同时明白,人类的这种崇拜和信仰,既是难以改变的,却是可以利用的。孔子就是其中的代表,他说'敬鬼神而远之',实在就表达了自己不信鬼神存在的观点。""当然,由于祀神祭鬼的事由来已久,他深知此事不仅不可抗拒,而且值得因势利导。"[2]

---

[1] 向柏松:《民间信仰与非物质文化遗产保护》,载《中南民族大学学报》,2006 年第 5 期。
[2] 陈桥驿:《万物之灵——中国崇拜文化考源·序》,载吕洪年:《万物之灵——中国崇拜文化考源》,广西民族出版社 1996 年版。

陈桥驿先生的一些观点,对当下中国的非物质文化保护有重要的启示:一是人类永远会有不可认识、无法解释的问题,从而会陷于"愚昧";二是有"愚昧"就永远会有崇拜和信仰;三是有崇拜和信仰,人类就会不断地创造出各式各样的神、仙、鬼、怪;四是民间信仰是草根文化,是地方性知识;五是对这种草根文化既要尊重敬畏,又要分清良莠。所以,当下明确民间信仰的内涵、价值、意义,以及未来走向,对保护非物质文化有着特定的现实意义。

五

兜着圈子讲了这么多,现在笔者才奔主题,讲讲徐华龙先生主编的"民间信仰口袋书系列"。

2014年4月,笔者在上海交通大学人文学院进行学术交流时,华龙君来访,谈到了他主编的这套书。这套书第一辑共有:《鬼》、《神》、《仙》、《妖》、《怪》、《精》。这是一个庞大而系统的中国民间信仰学术工程,笔者听后十分赞赏。

交流之中,华龙君想让笔者为这套口袋书写一个总序。

想到半个多世纪来"封建迷信"对中国民间信仰的涤荡,看到当下非物质文化保护的需要,笔者欣然接受了邀请。

为了写这篇总序,适才兜着圈子讲了中国民间信仰多元、多样和多彩的特点,讲了中国民间信仰的学术内涵、价值、意义,以及未来走向,目的是为了让读者认识和了解这套口袋书的价值和意义,此其一。

其二,近几年来,有关中国民间信仰的书也出了不少,主要有乌丙安的《中国民间信仰》(上海人民出版社 1995),吕洪年的《万物之灵——中国崇拜文化考源》(广西民族出版社 1996),张广智、高有鹏的《民间百神》(海燕出版社 1997),殷伟的《中国民间俗神》(云南人民出版社 2003)等。

乌丙安的《中国民间信仰》将中国的民间信仰崇拜形式归纳为对自然物、自然力的崇拜;对幻想物的崇拜;对附会以超自然力的人物的崇拜;对幻想的超自然力的崇拜四大类。这种分类概括性强,学术性也强,对学术界有用,但通俗性不够。

张广智、高有鹏的《民间百神》将民间百神分灶神、门神、家神、土地、路神、财神、火神、水神、龙神、福禄寿三星、送子神、城隍、玉皇大帝、风、雨、雷、电、日神、月神、星君、石头神、疫神、花神、草神、鸟神、虫神、树神、兽神、行业神等二十余种，因囿于中原地区，仅具有地方特点，且缺乏概括性。

吕洪年的《万物之灵——中国崇拜文化考源》将民间信仰分为自然崇拜、动物崇拜、植物崇拜、图腾崇拜、器物崇拜、躯体及脏器崇拜、生殖崇拜、数字崇拜、色彩崇拜九大类，且从考源视角切入，具有很高的学术价值，但通俗性也不够。

殷伟的《中国民间俗神》将中国民间俗神分为吉祥神、佑护神、居家神、出行神、婚育神、文化神、动物神、植物神、自然神、行业神十类。这种分类古今相混，传统与现代纠结，缺乏原生意义。

相比之下，华龙君的"民间信仰口袋书系列"分类细、定位准、结构严、资料丰，可谓集中国民间信仰研究之大成。

其三，华龙君的这套口袋书，诸位作者中，有教授，也有博士；有老民俗学者，也有年轻的民俗学者，可谓近年中国民间信仰研究者的一次集中亮相和检阅，反映了中国民间信仰研究队伍的壮大和发展。

其四,华龙君的这套口袋书,对中国民间信仰的重构,可以提供一个资料库,提供一个样本,提供一个指导。这可能是当下非物质文化工作最需要的。

其五,华龙君的这套书定位为"口袋书",顾名思义就是小巧,携带方便,价格平实,人们不用咬着牙、省吃俭用才买得起。

为了中国民间信仰的保护和发展,提起了笔,就刹不住"车"了,是以为序。

徐杰舜

2014 年 6 月

目　录

第一篇　长生不死话仙人 / 1

得道成仙 / 4

仙人施法 / 8

仙家百态 / 16

第二篇　翩翩仙来 / 21

神话人物羽化成仙 / 23

传说人物成仙飞去 / 28

历史人物渐入仙境 / 30

宗教人物成仙救世 / 33

"神""仙"大不同 / 37

第三篇　各色仙人 / 47

品第仙人 / 49

目　录

第一篇　长生不死话仙人 / 1

得道成仙 / 4

仙人施法 / 8

仙家百态 / 16

第二篇　翩翩仙来 / 21

神话人物羽化成仙 / 23

传说人物成仙飞去 / 28

历史人物渐入仙境 / 30

宗教人物成仙救世 / 33

"神""仙"大不同 / 37

第三篇　各色仙人 / 47

品第仙人 / 49

漫漫成仙路 / 66

脱凡胎, 成仙骨 / 92

重重考验为度脱 / 98

升仙一刻飞天去 / 110

第四篇　**仙人世界** / 123

逍遥仙境 / 125

天宫异物般般有 / 155

闲与仙人扫落花 / 160

天上第一家庭 / 166

惩恶扬善, 隐逸清修 / 170

第五篇　**中国文化中的"仙气"** / 175

多重身份的仙 / 178

传统节日觅仙迹 / 181

人生仪礼仙相伴 / 187

"非遗"中的仙话 / 193

修仙而至"无不为" / 201

第一篇　长生不死话仙人

"仙"是什么时候出现的？一般认为出现在战国初期。但"长生不死"的观念出现得更早，《山海经》中没有"仙"字，却有不死民、不死国、不死树、不死药等。"仙"是建立在人可以"长生不死"的信念之上的。《山海经》被认为是战国早期的作品，有人甚至认为它出现在西周晚期；不过，也有人认为它的部分篇章出现在战国末年乃至西汉初年，但仅凭《山海经》中无一个"仙"字来断定"仙"出现在《山海经》之后，这显然过于保守。从战国时期的文献，如《庄子》、《列子》以及屈原《远游》等诗作中，我们可以看到早期仙人，诸如西王母、黄帝、彭祖、赤松子、王子乔等，他们都具有了长生不死和能飞行的能力。长生不死是仙人的最基本属性，而能飞行则意味着仙人已经获得了更加特异的能力。这些特异能力当然不止飞行一种，还有养生术、房中术、役物术、变形术等。这些被称作"法术"的特异能力，在后世不断被丰富，而且仙人的地位越高，神通也越多。这样一来，"仙"和"神"就没有多大区别了。司马迁在《史记》中就把二者合并在一起称作"神仙"。其实，神与仙虽各有信仰基础，但二者的共同之处也很多。神仙构成了我国民众宗教信仰的基本"底色"。

得道成仙

　　仙，也称仙人，是中国传统文化中一个特殊的神圣群体。他们被认为一般由人修炼而成，具有超自然的能力，可以长生不死、飞行变化。仙人传说较多出现在战国中期的燕齐滨海地区。当地的海市蜃楼景象激发了方士们的想象力，他们编造神仙故事，认为渤海之中有神山，神山之上有仙人，仙人掌管着不死药。不死药，原本产自西部的昆仑山，由西王母掌管，但战国以后燕齐一带的方士相信，海中三神山（蓬莱、方丈、瀛洲）也同样有仙人和不死药。公元前4世纪，方士们先后向齐威王、齐宣王、燕昭王宣扬神仙传说：三神山在渤海中，距离人间并不太远，山上有仙人和不死药；山上的禽兽都是白色的，宫阙是用黄金白银建造的，但是神山可望而不可即，等到人们接近了，风就把船吹到别处，很难接近。方士们讲述的仙话故事打动了齐威王等人，他们多次派遣方士到海中寻找神山、仙人和不死药。当然,结果是众所皆知的,方士们无一成功。虽然没有找到不死药,齐威王等人的寻仙之举还是造成了很大影响,仙人信仰开始在中国兴起。

对于神仙是否真实存在的问题,历来都是人们争论的焦点之一。有古诗云:"但闻白日飞升去,不见青天走下来。"仙人一直存于传说之中,现实生活中没有谁看见过或遇到过神仙。方士、道士强调"神仙实有",怀疑论者则极力否认神仙的存在。东晋道士葛洪《抱朴子内篇·论仙》一开头就提出"神仙不死,信可得乎",对神仙有无这一问题展开全面讨论。现实生活中,除了庙中塑像和纸上画像,没人见过真正的、活的神仙;但是,神仙是道教信仰的根本,也是道教存在的基础,它不以人物的样貌存在,却以观念、信仰和偶像的形式存在。道教主张"神仙实有",历史上有很多道士都试图让人们相信神仙是真实存在的,为此他们编创了大量的神仙传记,用以佐证神仙的存在。托名西汉刘向的《列仙传》,载有71位仙人的传记;葛洪《神仙传》,记仙人84位;唐末五代道士王松年撰《仙苑编珠》,共介绍300多位仙人;唐末五代道士杜光庭专门记述女仙的著作《墉城集仙录》，录女仙 109 位；元代道士赵道一撰《历世真仙体道通鉴》，共描写仙真 745 位，后来又撰续编，增加仙人 34 位，再撰后集，又增女仙 120 位。神仙传说如此之多，以至于有人对神仙欣然向往，不仅崇拜仙人，还希望通过努力将来自己也能够成仙。

仙的观念最初源于对不死的追求。《山海经》中多处可见有关不死的记载。春秋战国是大变动时代，时局动荡，战乱不止。在这种时代背景下很多思想观念都发生了变化，人生态度也发生了变化，原来相信灵魂不朽，在那时转变为对肉体不死的追求。《山海经》中有不死之山、不死之国、不死之药、不死民、不死树等，宣扬不死的观念：

> 昆仑南渊深三百仞，开明兽身大类虎而九首，皆人面……开明东有巫彭、巫抵、巫阳、巫履、巫凡、巫相，夹窫窳之尸，皆操不死之药以距（拒）之。（《海内西经》）

对"皆操不死之药以距（拒）之"一句，郭璞注曰："为距却死气,求更生。"古人相信人吃了不死药就永远没有死亡降临,甚至还可以飞升上天。

在这种不死观念下,出现了一些长生不死的仙人,如活了一千二百岁而容貌不衰的广成子,活了八百多岁的彭祖等。《庄子》一书中把仙人分为真人、至人、神人三种,他们都能够"与天地无穷"。秦始皇统一中国后,建立起了强大的秦王朝。秦始皇也曾派方士到海中寻找不死药,虽然他也以失败告终,却进一步扩大了神仙思想的影响,而民间的神仙方士也更加活跃。秦始皇去世不到一百年,汉武帝又开始宠幸神仙方士,派遣他们到海上寻找神仙和不死药,一些方士因此得到汉武帝的多次加封和赏赐。仙人没有找到,不死药也没有得到,但一代又一代帝王寻找神仙、不死药,推动了一波又一波的造仙运动,大批仙人被创造出来。正是在这些帝王的倡导之下,神仙信仰愈加兴盛起来。

仙,汉代也写做"仚",许慎《说文解字》解释是"人在山上貌"。人在山上,高山犹如通天之阶梯,可以沟通天上神仙世界。我国古代神话中的神山,如昆仑山以及东海的蓬莱、方

丈、瀛洲三座神山,都是众多神仙居住的地方。五岳名山也
是神仙出入之地。

　　仙,又写做"僊",《说文解字》说是"长生僊去"。段玉裁
注:"僊去,疑当为䙴去。"䙴,同"迁"。长生者要迁走,他们要
迁到哪里去呢? 刘熙《释名·释长幼》云:"老而不死曰仙。
仙,迁也,迁入山也。"也就是说,长生不死的人,由人间迁入
山上,转化为仙人。迁入昆仑神山也好,迁入五岳也好,迁入
其他名山大川也好,都是进入神仙洞府。毫无疑问,进入神
仙洞府之后,凡人就完成了向仙人的转变,就可以安稳地做
神仙了。

仙人施法

　　仙人是由凡人修炼得道的,他首先超越了时间对生命的
囿限,获得了不死的属性;其次,能够打破空间阻隔,会飞行,
自由穿行于各地;再次,具有了法术,能变形、变物,役使鬼
神。这三点是仙人的基本特征。

　　长生,即个体生命对时间的超越。生命超越了时间限制,处于一种永远活着的状态。中国的传统文化十分重视长生,而仙人的生命理想就在于对生命极限的超越,追求长生不死、返老还童。东汉出现的《太平经》中说,仙"长存不死,与天相毕",说的就是神仙长生不死的特征。长生不死的仙人境界是十分诱人的,这也是古代上至帝王将相、下至平民百姓对成仙趋之若鹜的一个非常重要的原因。历史上有很多著名人物,如秦始皇、汉武帝等,对神仙孜孜以求,所要追求的结果主要是长生不死。

　　在民间传说中,不死的仙人有很多。彭祖是著名的早期仙人之一,他的突出特征就是长寿,传说活了八百岁,又一说他得到了长生之道。《史记·楚世家》中有彭祖的身世介绍:据说帝喾时有火正重黎,其弟吴回亦为火正,称祝融;吴回之子为陆终,陆终第三子是彭祖。彭祖本身就是传说人物,刘向在《列仙传》里说他"历夏至殷末,八百余岁"。葛洪《神仙传·彭祖》载,商王托人向彭祖打听长生之道,彭祖说:"欲举形登天上补仙官,当用金丹。此九召太一,所以白日升天也。此道至大，非君王之所能为。其次，当爱养精神。服药草可以长生，但不能役使鬼神，乘虚飞行。身不知交接之道，纵服药无益也。"彭祖的意思是说，要白日升天成为仙官，首先要服用金丹，其次要"爱养精神"。他还说，服用药草可以长生，但不能获得役使鬼神的能力，也不能飞行升天。怎样才能更好地"爱养精神"呢？他说要知道"交接之道"。所谓"交接之道"，就是男女之间房事的奥妙，也就是房中术。如果不懂房中术，滥伐精气，精神怠惰，身体疲惫，纵使服用药草也没有什么好处，难以获得长生不死。中国不少稗官野史都说彭祖长寿是得益于他精通"御女之术"，善于"采阴补阳"。

飞行，即生命个体对于空间的超越。上古交通工具缺乏，道路坎坷难行，空间上的间隔意味着互相往来需要跋山涉水，甚至攀葛附藤，这给社会交往造成了很大困难。人们渴望能够像鸟一样自由飞翔，于是设想仙人会飞行。《神仙传·彭祖》对于仙人飞行有生动描述：

　　仙人者，或耸身入云，无翅而飞；或驾龙乘云，

上造太阶；或化为鸟兽，浮游青云；或潜行江海，翱
翔名山；或食元气，或茹芝草；或出入人间，则不
可识。

这里描述了仙人的几种飞行方式，总的来说可以归结为
两种：一种是不借助外物直接飞行；一种是驾乘外物飞行。
《列仙传》中描述的偓佺和毛女都能生出羽毛，像鸟一样飞
行；王子乔则能驾鹤飞行。《搜神后记》中的丁令威成仙后化
做仙鹤飞回故里，站在华表柱上高声唱道"有鸟有鸟丁令威，
去家千岁今来归；城郭如故人民非，何不学仙冢累累"，以此
来警醒世人。关于黄帝飞升的传说更加精彩，《史记·封禅
书》中有关于黄帝铸鼎，鼎成而乘龙飞升的仙话故事：

黄帝采首山铜，铸鼎于荆山下。鼎既成，有龙
垂胡髯下迎黄帝。黄帝上骑，群臣后官从上者七十
余人，龙乃上去。余小臣不得上，乃悉持龙髯，龙髯
拔，堕，堕黄帝之弓。百姓仰望黄帝，既上天，乃抱
其弓与胡髯号，故后世因名其处曰鼎湖，其弓曰

乌号。

这则仙话故事在民间长期流传。据说黄帝晚年发明了鼎,他在首山采掘铜矿,铸鼎于荆山脚下。当第一只鼎被铸造出来时,天上突然飞下来一条龙,整条龙身透着金光。黄帝和大臣都很吃惊。只见那条龙靠近黄帝,并开口对黄帝说:"天帝派遣我来迎接你升天,去觐见天帝。"黄帝跨上龙背,对群臣说:"天帝要召见我了,你们多保重!"大臣也想到天上去,就一拥而上也爬上龙背,希望能随黄帝一起走。可是那条龙却扭动身躯,把其他人都摔了下来,有的人拽住龙须,把龙须都拉断了。金龙载着黄帝快速飞上天空,群臣眼睁睁地看着黄帝升天而去。百姓仰面望见黄帝飞上天去,抱着他失落的弓,还有拉断的龙须,不停哭嚎。后人为了纪念这位帝王,就把黄帝升天的地方叫做"鼎湖",把弓叫做"乌号"。直到今天,中国的一些地名,如首山、铜山、鼎湖、鼎城,都跟这个传说有关。

仙人具有超凡能力,能预知祸福吉凶、役使鬼神、祈晴祷雨、穿山破石、祛病疗疾、走火行风、收瘟摄毒等。如壶公医病之术,费长房缩地之法,左慈画龙取肝,黄大仙叱石成羊等,都为人们津津乐道。葛洪的《抱朴子内篇》中介绍的神仙法术有隐形法、符箓和印章、咒语、分身法、照妖镜和斩妖剑、预知吉凶术、奇门遁甲、祈禳法、禹步、不寒不热之道、不畏风湿之术、乘跻(神仙腾空飞行术)、行水潜水法等十三种。试看《神仙传》中刘政的法术:

> (刘政)好为变化隐形,又能以一人作百人,百人作千人,千人作万人。又能隐三军之众,使人化成以从林木。亦能使成鸟兽,试取他人器物,以置其众处,人不觉之。又能种五果之木,便华实可食,生至行厨,供数百人。又能吹气为风,飞沙扬石。以手指屋宇、山林、壶器,便欲毁坏;更指之,则还如故。又能化作美女之形,及作木人。能一日之中,行数千里,嘘水行云,奋手起雾,聚壤成山,刺地成渊。能忽老忽少,乍大乍小,入水不湿,步行水上。召江海中鱼鳖蛟龙龟鼍,即皆登岸。又口吐五色之气,方广十里,气上连天。又能腾跃上下,去地数

百丈。

刘政的法术很多,令人眼花缭乱,咄咄称奇。再看《三国演义》里的左慈,这位神仙化的道士在小说中出场不多,每次出现都伴随着一系列法术的运用。小说第六十八回写左慈利用法术几度戏弄曹操。曹操让人到温州担柑子,碰到眇一目、跛一足的左慈。左慈替脚夫挑担,他挑过的担子都轻了。柑子送到邺郡,曹操剖开的柑子皆无果肉,左慈自己拿来柑子剖开,里面都有果肉。等到曹操自己去剖,柑子又是空的。左慈自称在四川峨眉山学道三十年,从石壁中得到《遁甲天书》三卷,能腾云飞升,穿山透石,云游四海,藏形变身,飞剑掷刀,取人首级。他劝曹操把朝廷大权让给刘备,跟自己到峨眉山修道,就以三卷天书相授。曹操大怒,认为他是奸细,让人捉住左慈拷打。狱卒用力痛打,左慈却睡着了。曹操命人取大枷,用铁钉钉住送入牢中。只见枷锁自动脱落,左慈睡在地上,没有任何伤损。监禁七日,不给饮食,左慈端坐在地,面皮转红。左慈说:"我数十年不食,亦不妨;日食千羊,亦能尽。"曹操对他也无可奈何。

　　有一天,曹操大宴宾客,正行酒之间,却见左慈足穿木履出现在宴席旁边。左慈说:"大王大宴群臣,还缺少什么,我帮你取来。"曹操说:"我要龙肝作羹,你能取来吗?"左慈说:"有何难哉!"他取笔墨在墙上画一条龙,用袍袖一拂,龙腹自开。左慈从龙腹中提出一副龙肝,鲜血还在流淌。接着,左慈还展示了顷刻开花、钓松江鲈鱼、取紫芽姜、划杯分酒、掷杯化鸠等法术。

　　曹操对左慈非常不放心,让许褚带领铁甲军追杀左慈,左慈变做羊混入羊群,许褚尽杀群羊而回。后来,左慈又出现在街头,曹操吩咐把眇一目、跛一足的道人都抓来,竟然有三四百个左慈。曹操令众将用猪羊血泼到他们身上,押赴城南教场全部斩首。每个尸首颈腔各起一道青气,到天上聚成一处,化成一个左慈。左慈向空中招来一只白鹤,骑上后拍手大笑。曹操令众将用弓箭射他,忽然狂风大作,走石扬沙,被杀的尸首都跳起来,手提头颅,奔上演武厅来打曹操。曹操受惊吓得病,服药也不见效。后来,还是管辂为曹操暂时治好了疾病。左慈戏弄曹操的故事,《后汉书·方技传》《神仙传》、《搜神记》中都有记载,但《三国演义》把后来的一些民间传说也添加进来,经过润色之后更加丰富多彩,令人目眩。

此外,仙人们还各有法宝,可以利用法宝显示法术神通。比如人们熟知的八仙,在"八仙过海"的传说中,他们利用各自的法宝漂洋过海,并打败了前来抢宝的东海龙王。后来,八仙使用的法宝在绘画中被演绎成了"暗八仙"。所谓暗八仙,就是用八件法宝暗指八位仙人,它们是团扇、宝剑、葫芦、渔鼓、莲花、花篮、笛子、玉板,分别代表钟离权、吕洞宾、铁拐李、张果老、何仙姑、蓝采和、韩湘子、曹国舅。"暗八仙"以物代人,表达吉祥美好的祝福,在中国古代绘画、雕刻、漆器、瓷器、玉器、木器中,经常可以见到。

仙家百态

仙人的外在形象在古代文献里多有描述。古人对仙人外貌的描绘有一些共同的特点,如男仙瘦削、苗条、面目端庄,有时老态龙钟,有时又呈童子模样。女仙除了有婀娜之姿,还有倾城倾国之美貌。

　　有的仙人以老态龙钟的面目出现,如太白金星、南极仙翁、八仙中的张果老等。张果老,原名张果,因面目苍老,体态龙钟,人们在他名字后加"老"以显示其特征。他是唐代道士,新旧《唐书》都有记载,说其隐于中条山,经常往来于汾、晋二州,自称数百岁人,当地人都说他有长生秘术。唐玄宗召见张果,问他:"先生是得道的人,何故牙齿头发如此衰朽?"张果道:"我是齿落发稀时得的道,只好这副样子,如今陛下见问,不如把牙齿头发都去了更好。"说罢,他把稀疏的头发薅个精光,又将几个残缺不全的牙齿敲掉,满口流血。玄宗一见大惊:"先生何故如此? 且去歇息。"过了一会儿,张果摇摇摆摆走了出来,面貌虽还是先前的衰老模样,但"青鬓皓齿,愈于壮年"。玄宗大喜,留于内殿赐酒。可见,仙人们虽也年老,但这种老态是永恒的、凝固的,并不意味着接近死亡,其中蕴含的更多是其长寿不衰的仙家特征。

　　有的仙人则始终容颜不改,貌若童子。如金华的黄初平童年上山牧羊,五十年后哥哥到山上找到他,他还是童年模样。女仙大都属于这种类型，如《神仙传》中描写的太阳女：

> 太阳女者，姓朱名翼。敷演五行之道，加思增
> 益，致为微妙行用，其道甚验甚速。年二百八十岁，
> 色如桃花，口如含丹，肌肤充泽，眉鬓如画，有如十
> 七八者也。奉事绝洞子，丹成以赐之，亦得仙升
> 天也。

时光荏苒，凡人几十年就显得衰老了，有的可能连生命都不存在了。然而仙人度过数百年，却依旧容颜青春。传说中的仙人已经获得了永恒的生命，所以，一般凡人的新陈代谢、繁衍生息似乎都不复存在了，他们犹如照片中的人物，定格在固定的生命状态，永远不会衰老或死亡。

不仅容颜难改，仙人的身形体态也保持完好。男仙大都瘦削优雅，仪表非凡，如《绿野仙踪》第八十八回描写的色空羽士是："金冠嵌明珠三粒，红袍绣白鹤八团。灼灼华颜，俨似芙蓉出水；婷婷玉骨，宛若弱蕙迎风。"这是按照最酷的男仙模样来描写的。女仙则是妖娆婀娜，都有临风欲飞之态。

古诗云:"八幅罗裙三寸鞋,妖娆体态是仙胎。"这是对女仙的体态衣饰的一般描写。《汉武帝内传》对西王母的描写是"年可卅许,修短得中,天姿掩蔼,容颜绝世",乃是绝色美女形象。女仙总是貌美的,所以汉语中才有"貌若天仙"这样的成语。

当然,仙人中也有形象比较丑陋的,比如铁拐李。据《东游记》载,铁拐李原本相貌堂堂,有一次他出魂远游,让徒弟守护尸身,但到了约定的日期他的游魂没有回来,恰巧徒弟家中有急事,就焚烧了他的躯体。铁拐李游魂回来之后,找不到自己的身体,就借一饿殍的身躯还魂,容貌丑陋,还跛一足,靠拄一铁拐瘸行,可谓"异相神仙"。

第二篇　翩翩仙来

前面已经说到,战国后期到西汉经历了一波又一波造仙运动,当时的方士是造仙运动的主力。他们创造的仙人,来源于神话、传说、历史和宗教,可谓来路各异,复杂多样。

神话人物羽化成仙

神与仙本是两个独立的名称,而后世常常把神和仙统称为"神仙",这是因为二者有共通之处。比如,两者都具有超自然的能力。于是,一些上古神人,包括神话人物,也转变成了仙人。中国的神话人物大舜就是一例。在早期的文献中,大舜是一位部落联盟首领,也是一位文化英雄,他发明了很多文化事物:

昔者舜作五弦之琴,以歌《南风》。(《礼记·乐记》)

舜造箫,其形参差像凤翼,长二尺。(《世本·作篇》)

舜作室、筑墙、茨屋、辟地、树谷,令民皆知去岩

穴,各有家室。(《淮南子·修务训》)

后来,随着神仙不死之说的流行,大舜逐渐被仙化。《神农本草经》卷一载:

> 舜常登苍梧山,曰:"厥金玉之香草,朕用偃息正道。"此乃五加也。鲁定公母单服五加酒,以致不死。

由此可以看出,在神话中巡狩南方客死苍梧山的帝舜,也开始在苍梧山服食"金玉之香草"五加皮,并因此获得"正道"。这里的"正道"是什么,可以从后句"鲁定公母单服五加酒,以致不死"得知,当就是不死之意。神话中以身殉职的大舜,已然成为修炼长生之道、服食药草的仙人。

大禹是上古洪水神话中的治水英雄。有关大禹的家世,通常的说法是:禹是鲧的儿子。大约在帝尧时代,河水泛滥,洪水滔天,人们不能安居乐业,只能逃往高山穴居,或在大树上巢居。帝尧派鲧治理天下水患。鲧用堵塞的办法难以奏效,便铤而走险,盗取天帝的息壤,用来阻挡洪水。息壤是天上的一种神土,能不断生长,永不减耗。《山海经·海内经》载"洪水滔天,鲧窃帝之息壤,以堙洪水",说的就是这件事。后来天帝得知此事,就将鲧杀死在羽山。鲧死后,人们剖开他的肚子,发现了禹。此时正值舜治理天下,舜便派大禹继续治理洪水。大禹采用疏导的方法,使得洪水之患渐渐消除。大禹治水的功业十分显赫,关于他的神话传说也流布九州。但在后世文献中,禹显然又成了仙人:

> 古有大禹,女娲十九代孙,寿三百六十岁,入九嶷山飞去。后三千六百岁,尧理天下,洪水既甚,人民垫溺。大禹念之,乃化生于石纽山泉。(《绎史》卷十一注引《遁甲开山图》)。

这里对大禹的描写,仙化特征十分明显,大禹不仅360岁,而且是在九嶷山成仙飞去,后来看到天下大水,人民无法生存,又化生出世,治理洪水。

葛洪《抱朴子·辩问》中还提到大禹成仙的法宝:

> 此乃灵宝之方,长生之法,禹之所服,隐在水

邦，年齐天地，朝于紫庭者也。禹将仙化，封之名山
石函之中。

大禹成仙飞去之前，将自己获得长生的"灵宝之方"封藏
在名山石函之中。当然，将珍贵秘笈藏之名山，传之后世，是
古人通常的做法。司马迁完成《史记》后，就把正本藏在名
山，副本放在京师。他在序中说："藏之名山，副在京师，俟后
世圣人君子。"历代都有高人著书，藏之名山的传说。

中国古代的女神也有一个仙化的过程。女娲是古代神
话中著名的创世、造人的女神，到了《淮南子·览冥训》中，她
的形象发生了改变，带有明显的女仙特征：

> （女娲）乘雷车，服驾应龙，骖青虬，援绝瑞，席
> 萝图，黄元络，前白螭，后奔蛇，浮游消（逍）遥，道鬼
> 神，登九天，朝帝于灵门，宓穆休于太祖之下，然而
> 不彰其功，不扬其声，隐真人之道，以从天地之
> 固然。

这里描写的女娲俨然一副逍遥仙人模样，完全没有了传

黄土造人、炼五色石补天的女神形象。后来,女娲造人、补天也被说成是受玉皇大帝的差遣,甚至要对其论功行赏;而她造人、补天的过程,也有诸神仙持法宝前来帮助。四川省德阳县有这样的传说:女娲补天要用仙石,她就在昆仑山上架起一座仙炉,又去太乙星君那里借来仙火,请太白真人守炉,叫风伯来扇风,雨师来洒水。凡此种种,使得原本古朴的女娲带上了鲜明的仙人色彩。

比较著名的由神入仙的还有湘夫人。相传,尧帝有两个女儿,大的叫娥皇,小的叫女英,二人均为舜帝之妃。后来,舜帝南巡,薨于苍梧,二妃闻讯啼哭不已,卒于江、湘之间,舜被称做湘君,二妃被称做湘夫人。《楚辞·九歌》中有《湘君》《湘夫人》二章,即以他们为湘水之神。而在刘向的《列仙传》中立有"江妃二女"之传,显然已经把娥皇、女英当做女仙来对待了。

由神话人物转变为仙人,最著名的当是黄帝、西王母,下文将介绍他们二人,这里就不再赘述了。

传说人物成仙飞去

现存最早的神仙传记《列仙传》，录有仙人 71 位，其中黄帝、江妃二女是神话人物，吕尚、老子、介子推、王子乔、范蠡、安期先生、东方朔、钩弋夫人等是历史人物，其他大多数都是民间传说中的人物。

民间传说中的人物一般都有传奇性，身上大多带有仙人色彩。以牛郎织女传说为例，牛郎、织女原本指星宿。《诗经·大东》云："跂彼织女，终日七襄。虽则七襄，不成报章。睆彼牵牛，不以服箱。"诗中已经提到织女纺织、牵牛（即牛郎）拉车。后来，因牵牛、织女隔银河相对，人们就想象他们是一对恋人，于是，产生了牵牛、织女恋爱的故事。《古诗十九首》云："迢迢牵牛星，皎皎河汉女。纤纤擢素手，札札弄机杼。终日不成章，泣涕零如雨。河汉清且浅，相去复几许？盈盈一水间，脉脉不得语。"这里把牵牛、织女描写成一对真挚相爱的情侣，因为天河阻隔，两人相思但无法相会,爱情故事基本定型。东汉已经出现了鹊桥相会的情节。东汉《风俗通义》载:"织女七夕当渡河,使鹊为桥。"到南朝,吴均《续齐谐记》说牵牛、织女二仙相会,其他神仙都要返回天庭:

> 桂阳成武丁有仙道,常在人间。忽谓其弟曰:"七月七日,织女当渡河。诸仙悉还官。吾向已被召,不得停,与尔别矣!"弟当问:"织女何事渡河?兄当何还?"答曰:"织女暂诣牵牛。吾去后三十年当还耳。"明旦,成武丁失所在。世人至今犹云七月七日织女嫁牵牛。

在此,牵牛不仅已经明确地被安置在"仙宫"之中,而且在七月七日与织女相会之时,诸仙须悉还官。明清时期又有《新刻全像牛郎织女传》和据此进一步加工而成的章回体小说《牛郎织女》,作品中的织女被说成是玉皇大帝的外孙女,而牵牛的前身是玉帝侍者金童,显然都在天仙之列。

历史人物渐入仙境

构成这类神仙的是真实的历史人物,比之神话传说人物,有更为确凿的史实依据。在这一类神仙中,主要以帝王将相和文人才子为主。

历代帝王将相对神仙的高度热情及其孜孜不倦的求仙行为,使得他们成为被仙化的群体。战国时期的齐威王、齐宣王、燕昭王都渴求神仙和不死药,曾派方士出海寻找传说中的蓬莱、方丈、瀛洲三神山。这些迷恋神仙、不死药的帝王后来被附会出大量的仙话故事。连带那些没有寻找仙人、不死药的帝王将相,在后来也多有被仙化的事情发生。南朝陶弘景《真灵位业图》试图给道教神仙排位,其中第七级多有历史人物:如北帝上相秦始皇,就是热衷求仙的主儿;东明公领斗君师夏启、西明公领北帝师周文王、宾友汉高祖、宾友晋宣帝、北帝太傅魏武帝,都是古代帝王。至于周颙、召公奭、季札、荀彧,都是历史上有名的将相。

　　东方朔也是一位历史人物,他原本是汉武帝朝中的一位文臣,在《史记》、《汉书》中都有传记。他姓东方,名朔,字曼倩,平原厌次(今山东陵县)人,生于汉景帝前元三年(公元前154 年),死于汉武帝太始四年(公元前 93 年)。他自称年十三学书,十五学击剑,十六学《诗经》、《尚书》,十九学孙吴兵法,二十二岁上书汉武帝要求做官。汉武帝任其为侍郎,然而他生性滑稽诙谐,善于射覆(一种猜物游戏),好作惊人之语,敢于向皇帝进谏。东方朔死后,关于他的传说迅速流传开来,甚至把他描述成大隐于汉武帝朝中的天仙。在《汉武故事》中,东方朔显然已经被描述成为一位因为偷桃而被贬下界的谪仙:

　　　　(西王母在汉武帝宫中)留至五更,谈语世事,
　　而不肯言鬼神,肃然便去。东方朔于朱鸟牖中窥
　　母,母谓帝曰:"此儿好作罪过,疏妄无赖,久被斥退,
　　不得还天。然原心无恶,寻当得还。帝善遇之。"

　　从西王母的言语中可以发现,东方朔因为在天上"好作

罪过,疏妄无赖",被西王母赶出天庭,成了一位"谪仙"。实际上,东方朔是历史人物传说中最早的谪仙人。

历史人物逐渐仙化的还有文人才子这一类型。最有意思的便是中国传统文化中大名鼎鼎的圣人孔子,后来也被塑造成为一个仙人。孔子的仙化最早可追溯至西汉刘向《列仙传·老子》,其中有"仲尼至周,见老子,知其圣人,乃师之"的说法。既然老子已经成为"好养精气"、"寿同两仪"的神仙,那么孔子见而师之,当然也就类似于神仙了。东晋葛洪《神仙传·老子》即沿着这个方向加以发挥,差不多将孔子写成老子的一位弟子了。与此同时,他又在《抱朴子》中将孔子与仙人直接联系起来,其《辩问》篇说,吴王伐石以治宫室,得紫文金简之书,不能读懂,使人远咨孔子,孔子认为是大禹所用的仙术之书。最后并有葛洪推论:"是夏禹不死也,而仲尼又知之,安知仲尼不皆密修其道乎?"此外,葛洪还在《元始上真众仙记》中进一步把孔子拉到神仙天国,封他为"太极太真公,治九嶷山",而他的高足颜回等人也随同他一起升入仙界,从而使孔子最终完成了从文人到仙人的转变。

　　唐代著名大诗人李白也被描绘成仙人。天宝元年（公元742年），李白应唐玄宗召请来到长安，贺知章在紫极宫见到李白，观其人赏其文，即赞叹"此天上谪仙人也"。从此，众人多称李白为谪仙。与李白同时代的诗人喜欢以谪仙指称他，李白也以谪仙人自居。于是，后世的民间传说多把李白说成仙人。冯梦龙在《警世通言》第九卷《李谪仙醉草吓蛮书》中描写，李白死时有仙童二人，手持旌节，宣上帝玉旨，奉迎李白还归天上。然后，只见李白坐在鲸背上，音乐在前面导路，巨鲸腾空而起，他升仙归位去了。

宗教人物成仙救世

　　很多宗教人物也可以转化成神仙。闻一多在《神仙考》中说："（神仙）乃是一种宗教的理想。"宗教人物和神仙本身就有着密切的联系，而在中国影响最为广泛的便是道教、佛教，不少宗教中人后来都被仙化，成为了受信奉的神仙。

　　张道陵是东汉中后期人，是道教的实际创立者。《神仙传》说张道陵是与弟子王长、赵升一起白日飞升。《汉天师世家》、《历代神仙通鉴》(又名《三教同原录》)、《列仙全传》等书，将张道陵进一步仙化，说张道陵是汉初留侯张良的八世孙，母亲夜梦神人自北斗魁星降临，以蘅微香草送她，并说："我奉天帝之命到你家。"她遂感而孕，后来生了张道陵。张道陵七岁时遇仙人河上公，给他一部《道德经》，张道陵读后即通晓其义。长大后，他隐居于鹤鸣山，与弟子炼龙虎丹。第一年红光照室，第二年有青龙白虎绕护丹鼎，第三年龙虎丹成。当时张道陵已经六十开外，吃了仙丹之后如三十来岁的青年，行走如奔马。后太上老君送他经书、符箓、秘诀一千余卷，雌雄剑两把，都功印一颗，并冠衣、方裙、朱履，命其翦除八部鬼神、六天魔王。天师奉老君诰命，布三万六千龙虎神兵，一场恶战，终于灭了众鬼魔。元始天尊封其为"正一三天扶教辅元大法天师"，凡升天者，都要先参拜这位三天法师，然后才能去朝拜天帝。

东晋著名道教理论家葛洪也被说成神仙，称做葛仙公(或葛仙翁)。浙东的镇海、奉化、象山及舟山群岛一带，自唐代以来,人们一直信仰葛仙翁,说他能驱魔、禳邪、医病、祛灾。葛洪塑像在宁波市镇海的灵峰山灵峰寺仙翁殿中,仙像着道袍,白袜黑履,捋袖握笔,肃穆端坐,好不威风。

两晋南北朝时期,佛教逐渐传入中原大地,与此同时,佛教的佛祖菩萨也逐渐成为神仙队伍的重要力量。最为著名的当是观音大士,她在道教被称做慈航道人。观音普济众生、治病救人与神仙救世思想相契合,于是,观音也就逐渐成了可以用丹药、甘露救人的神仙。《历代神仙通鉴》载:

> 普陀洛伽岩潮音洞中有一女真,相传商王时修道于此,已得神通三昧,发愿欲普度世间男女。尝以丹药及甘露水济人,南海人称之曰慈航大士。

事实上,观音在道观和民间庙宇中,经常跟西王母、天妃同塑一个殿堂,她也被当做女仙来崇拜了。

民间信仰的俗神也可以被吸纳到神仙行列之中。干宝《搜神记》卷十四记载有马头娘的故事:太古的时候,有大人远征,家中只剩下一个女孩和一匹公马。女孩喂养这匹马,因为思念父亲,就对马说:"如果你能够把我父亲迎接回来,我就嫁给你。"那马一听,当即挣断缰绳,飞奔而去,最后真的把女孩的父亲接了回来。由于这畜生懂人性,家人就更加细心地护养,谁知道这匹马却不肯进食,每当女孩出入,就喜怒交加,父亲觉得奇怪,向女儿询问情况,女孩就将原委如实告诉父亲。他听完之后,就把马杀了,并且剥了皮,把马皮搁在庭院里。女孩的父亲又外出了,她与邻家的女子在马皮旁边玩耍,脚踩着马皮说:"你是畜生,为什么还奢望娶人为妻呢!"她的话还没有说完,马皮就快速腾起,卷着女孩飞走了。过了几天,人们才发现马皮与女孩飞挂在一棵大树的枝条间,他们已经化为蚕,吐丝把厚大的蚕茧织在树上。因为女孩是与马皮一起化成蚕的,所以民间称呼蚕神为马头娘。根据《太平广记》卷四七九所引《原化传拾遗》记载可知,隋唐之际,蚕神已经被仙化了。该文说女孩化为蚕之后,垂流云而驾马,有侍卫数十人,自天而下。她对父亲说:"太上老君因为我恪守孝道,心不忘义,授以九宫仙嫔之任,长生于天矣,无复忆念也。"蚕女说完,便冲虚而去。晚唐杜光庭《墉城集仙录》卷六有《蚕女》篇，蚕神由此进入仙谱。

如上所述，形形色色的神仙可谓人物众多，种类也很多。关于仙的分类在后面的章节里再分别加以讨论，此处不赘。

"神""仙"大不同

在中国，人们常常把"神"和"仙"连在一起，称为"神仙"，泛指一切具有超自然能力的神圣群体。但实际上，"神"与"仙"是两个独立的名称。所谓"神"，《说文解字》曰："天神，引出万物者也。"也就是说，最初的"神"是先天存在的一种超越人的自然力量，它的功能是化生万物。"仙"则是人经过后天的修炼获得的结果。刘熙《释名》说："老而不死曰仙。"因此，"仙"其实只是一种特殊的人，即长生不死的人。"神"从"示"，"仙"从"人"，两者属于两个不同的世界，有着很大区别。

神是"引出万物者"，拥有神格。这种神格是外界力量夺不去抢不走的，是神与生俱来的。比如《西游记》里为人们所熟知和喜爱的人物猪八戒,原是天庭玉皇大帝手下的天蓬元帅,主管天河,因喝醉酒调戏嫦娥而被逐出天界,到人间投胎,却错投猪胎,嘴脸与猪相似。虽然被贬下界且投错了胎,但在凡间猪八戒仍然具有超自然的法术神通,他会天罡三十六变身术,并能腾云驾雾。他化做人形,利用自己的神通在高老庄干活,赢得了高家的欢心,高父甚至答应把貌美如花的女儿高翠兰嫁给他。可惜在婚礼当天,猪八戒喝醉酒露出了猪脸模样,被当做妖怪赶了出去。又碰巧遇到取经路过的唐僧和孙悟空,孙悟空将其降服,于是他做了唐僧的第二个徒弟,同孙悟空一起护送师傅去西天取经。

猪八戒虽然被贬下界并被剥夺了在天界的职能,但是他作为神的先天性身份仍然存在。

相较于神的先天性而言,仙则是凡人通过后天的努力,包括修炼、服药、立功、积德,再经过其他仙人点拨和度脱,最后转变成仙人。仙之所以为仙,一定要经历一个从人到仙的转化过程,即一个普通人拥有了长生不死、法术神通等特质,才算迈入了仙界,加入到仙人的行列。

　　凡人成仙的例子有很多,其中流传比较广泛且为人熟知的是嫦娥飞天成仙的故事。嫦娥是后羿的妻子,后羿因射日有功而从西王母那里得到了不死药,交给嫦娥保管。嫦娥吞下不死药后,身轻如燕,飞到天上,留在月宫。在月宫里,只有不停捣药的玉兔与她为伴。玉兔所捣的也是灵丹妙药,能医治人间百病。在传说中,嫦娥本是普通凡人,因吃不死药而成仙,完成了从人到仙的转化过程。

　　我们无法确切地断定神起源的时代。我们可触及的是神话。神话是一种关于神的、口头传承的故事,是人类各种文化的源头,诸如宗教、历史、文学、艺术、法律、历法等,都能追溯到原始神话。实际上,人们借助神来理解和把握世界,神话故事代表了古人对世界的看法,它是想象的产物,是集体的幻觉,是人类关于世界来龙去脉的形象化解释。在古人看来,天地万物皆起源于神的创造。如盘古开天辟地神话:

　　　　天地浑沌如鸡子,盘古生在其中。万八千岁,
　　　　天地开辟,阳清为天,阴浊为地。盘古在其中,一日
　　　　九变,神于天,圣于地。(《艺文类聚》卷一引《三五

历纪》)

我们看到,在这个神话中,盘古先于天地而存在,是他开辟天地。有人说,盘古开天辟地神话在中国出现得很晚,直到三国时期才见诸文献;但盘古神话脱胎于印度大梵天创世神话,后者在印度有着悠久的历史。所以,从渊源上说,盘古神话仍然很古老。

神不仅创造万物,也创造了人类,比如女娲抟黄土造人的神话,战国时期就已经流传了,两千多年来依然传承不绝。

神是永恒的。人也有追求永恒的本能。人们都不愿承认死亡的存在,德国哲学家恩斯特·卡西尔在《人论》中说:"在某种意义上,整个神话可以被解释为就是对死亡现象的坚定而顽强的否定。"但是,人们又无法改变躯体死亡的事实,于是寄希望于灵魂不灭。闻一多在《神仙考》中说:"神仙是随灵魂不死观念逐渐具体化而产生的一种想象的或半想象的人物。"人死后灵魂不灭,人也就常在而不朽了,这种"不朽"与后来的"不死"可谓一脉相承。

"仙"的观念一般认为起于战国初期,这大概与当时巫的分化密切相关。巫是古代宗教中最早的专业神职人员，其基本的职能是进行所谓通神降灵活动。上古的巫都有超乎常人的知识，除了通神降灵的活动之外，他们还兼为人解梦、预言、治病等。巫的医疗活动使之能够接触许多药物，认识药物的种种功效，并且发现一些药物在保养生命中的特殊效力。然而，由于巫的中心活动是通神，具有特殊功效的药物也就存在着被神化的可能。于是，一部分药物的功能被夸大，令人延长寿命的药物就可能被夸大地说成不死之药。而这些药物掌握在那些巫的手中，他们也就成了不死药的掌管者。如前所引，《山海经·海内西经》说："开明东有巫彭、巫抵、巫阳、巫履、巫凡、巫相，夹窫窳之尸，皆操不死之药以距（拒）之。"应该说，拥有不死药的巫，可能是仙的最初原型。

永远不死的仙，其实是人追求生命永久的理想的化身。这种理想化的人物，一开始是由神话中的神转化过来的。以西王母为例，在《山海经》中，西王母"豹尾虎齿而善啸"，是带有动物特性的神；到《穆天子传》中，周穆王西征昆仑山会见西王母,西王母已经是人身,而且自称"帝女"。战国以后,西王母逐渐仙人化,《归藏》记载羿求不死药于西王母;《庄子·大宗师》中说西王母为得道不死之人。汉代,西王母便成了最著名的女仙了,《汉武帝内传》描述她道:"年三十许,修短得中,天姿掩蔼,容颜绝世,真灵人也。"汉代还出现了一个东王公,与西王母配对成双。宋代以后,民间传说里,她成为天上女仙之首、玉皇大帝的正妻——王母娘娘。这个转变过程是非常耐人寻味的。实际上,中国很多神话人物都有这样的转变轨迹。

　　神是超自然力的人格化形象,体现了人类的神秘观念,也显示了人对永恒力量的依赖。人类不可能控制自然力,从而产生冥冥之中有超越的、全能的神秘力量掌管者的幻觉。从人类的原始崇拜到如今流行的各种宗教,其间各种各样的神都是超自然力量的化身。但是,仙有所不同,仙是中国所特有的,是古代中国人探索生命奥妙的独特创造。日本的道教学家洼德忠在《道教史》中指出:

　　　　我认为神仙说的第一个特征是不死,第二是升天。神仙说的观点是在地球上无限延长自己的生命。似乎可以认为现实的人具有天生肉体的生命无限延长,并永享快乐的欲望,导致了产生神仙说这一特异思想,这种思想在其他国家是没有的。

仙虽然在东亚"汉字文化圈"内传播,传入日本、韩国、越南等国家,但是,它始终扎根于中国文化土壤之中。而在中国,对仙人的崇拜发展成为影响巨大的道教信仰,从而成为中国人精神生活的重要支柱之一,影响遍及传统文化的各个领域。

神与仙有着诸多不同,在先秦古籍中,神与仙有比较严格的区分。但到了秦汉时期,神与仙开始连称,彼此的界限趋于模糊。

从《史记·封禅书》已有"神仙"的说法可见,最迟在西汉,神和仙已经连称,"神仙"一词已经出现了。神与仙的融合,越到后来越明显,甚至二者有融为一体的趋势。唐代著名道士司马承祯在《天隐子·神仙》中指出:

人生时,禀得灵气,精明通悟,学无滞塞,则谓之神。宅神于内,遗照于外,自然异于俗人,则谓之神仙。故神仙亦人也,在于修我灵气,勿为世俗所沦污,遂我自然,勿为邪见所凝滞,则成功矣。

人人都禀自天地灵气之神性,本近于神仙,神仙只不过是能通过修炼,保持自己的灵气不受世俗污染而已,所以众生都有可能修道成仙。按照这个说法,则神与仙的界限也就很模糊了。詹石窗在《道教与女性》中讨论"神仙"一词时也曾说:

就结构来讲,"神仙"是一个词组,既可以当做并列词组看,也可以当做偏正词组看。就并列的角度而言,"仙"是超人的升格,因为有超人的功能,所以能够与神并肩;就"偏正"的角度而言,"神"作为"仙"的修饰,而落脚点则在"仙"字上。当"神"成为"仙"的修饰语时,"仙"的属性便通过"神"的功能而显示出来。这时的"仙"是指那些具有超越凡人功能的特异者。

这种分析是有道理的，而且也解决了神仙这个词语在理解上的差异。有时人们取并列词组的"神仙"含义，侧重于仙与神一样具有的超自然功能；而有时人们又取偏正词组"神仙"的含义，侧重于仙具有神性特征。不管把"神仙"一词当做并列词组还是偏正词组，"神仙"都包含了先天的神和后天修炼的仙，而后者更加强调"仙"的人性特征。

第三篇　各色仙人

　　中国的神话、仙话、传说中,有不计其数、各色各样的仙人,可以按照一定的标准进行分类。分类的标准不一,分出的结果也不一样。葛洪按照仙人的品阶来分,认为上士成天仙,中士成地仙,下士成尸解仙。仙人的品阶似乎不止这三种,《太平经》把神仙分为六等,就与葛洪完全不同。按照成仙的方式,也可以分为隐居修炼成仙、服食丹药成仙、忠孝立功成仙等,而有的人似乎综合地采用了这三种方式追求成仙。所以,仙人是多种多样的,需要从多个方面加以了解。

品第仙人

　　按照仙的品阶高低进行分类,东汉《太平经》把神仙分为六等:神人、真人、仙人、道人、圣人、贤人,并称"神人主天,真人主地,仙人主风雨,道人主教化吉凶,圣人主治百姓,贤人辅助圣人理万民录也"。唐代《天隐子》将神仙分为五类:在人称人仙,在地称地仙,在天称天仙,在水称水仙,能神通变化者称神仙。葛洪把神仙分为天仙、地仙、尸解仙三阶,他引用《仙经》的说法："上士举形升虚,谓之天仙;中士游于名山,谓之地仙;下士先死后蜕,谓之尸解仙。"天仙的品阶最高,可以飞升到天上,居住天庭。地仙出入名山大川,享受世间的快乐。尸解仙只是神仙的下乘,但也可以晋升为更加高级的神仙。下面我们依照葛洪的分类,对仙人加以分别介绍。

◎ 天仙

天仙又称飞仙、大罗金仙,居于天界,是凡人成仙所能达到的最高等级。只有修炼日久、道术高深、忠孝兼备、功德圆满的仙人才能成为天仙。《抱朴子内篇·论仙》说:"上士举形升虚,谓之天仙。"《天仙品》也说:"飞行云中,神化轻举,以为天仙,亦云飞仙。"这两处都是强调天仙的冲举升天、自由飞行的特点。

事实上,有些天仙是从神话人物转变而来的,如西王母、黄帝、嫦娥等。一些历史人物也被说成是天仙,而他们的人生经历只是一个短暂的过渡期。东方朔是汉武帝朝中的侍郎,以诙谐幽默为人们所称道,班固在《汉书·东方朔传》中说:"(东方朔)以其诙达多端,不名一行,应谐似优,不穷似智,正谏似直,秽德似隐……其滑稽之雄乎!"后来人们把各种"奇言怪语"附会到东方朔身上,使他在民间传说中越来越离奇,逐渐仙人化。《汉武故事》中说他多次偷西王母的仙桃,西王母把他贬到人间,成为一位隐居在朝堂之上的谪仙人。后来,东方朔骑龙飞升,回归天界。

在仙话中,淮南王刘安通过服药白日飞升,也成为天仙。与刘安一道飞升的还有淮南八公,以及他的家人,就连鸡犬舔啄药罐后也得以飞升。这就是人们所说的"一人得道,鸡犬升天"的故事。不过,刘安在人间尊贵惯了,升天之后,遇到天上仙官竟然不知尊卑礼节,放开嗓门说话,还自称寡人。于是,有仙官告他的状,指责他犯了大不敬的罪过,要将他遣回人间。幸亏淮南八公都替他求情,才得以从宽处理,被罚看守天上厕所三年。后来,他也没有被授予仙职,只做了个散仙人。对此,宋代诗人刘克庄在《杂兴》一诗中感慨道:"升天虽可喜,削地已堪哀。早知守厕去,何须拔宅来!"

　　历史上的一些著名道士在传说中成了天仙。尹喜是周朝一名大夫，擅长图谶之学。到周昭王时，他夜观天象，看到东方有紫气西行，推测将有圣人过函谷关，于是请求去做函谷关的关令。后来，果然有个老人骑青牛来到关前。尹喜迎接老人入关。这位老人就是老子，后来道教称做太上老君。尹喜在馆舍殷勤求教，老子著《道德经》五千字，传授给他。次年，老子在住所升天，与尹喜相约千日后可到蜀地青羊肆找他。尹喜专心修炼，三年后去寻访"青羊肆"。尹喜在成都找到化身为婴儿的老子，伏地叩拜。老子知道尹喜已领会道法的精妙之处，便说他可以超升为仙真了。老子授尹喜无上真人之位，位居二十四天王之上，统领八万仙人。

　　就连一些佛教人物在传说中也被说成天仙。哪吒是中国民众喜爱的一位娃娃神，他脚踏风火轮，手持火尖枪，颈戴乾坤圈，总是一副雄赳赳的小英雄模样。他本是佛教中北方毗沙门天王的第三子，佛教的护法神。哪吒作为佛教护法神将，很早就被道教吸收，在两宋时期兴盛的五雷正法中，他已是一员猛将，称哪吒大神。到宋末元初，哪吒被说成是玉皇大帝御前的大罗金仙,《三教源流搜神大全》说他:"长六丈,首带金轮,三头九眼八臂,口吐青云,足踏盘石,手持法律,大噉一声,云降雨从,乾坤烁动。因世间多魔王,玉帝命降凡,以故托胎于托塔天王李靖。"哪吒神通广大,变化无穷,收伏了许多妖魔鬼怪,被玉帝封为三十六天将总领,永镇天门。在小说《西游记》中,哪吒属于天仙中的武将一类,是托塔天王李靖手下的一员猛将。

天上的神仙很多,有玉皇大帝这样的天庭帝王,也有太上老君、太白金星这样的文臣,也有托塔天王李靖、哪吒、巨灵神这样的武将,还有织女、嫦娥这样的女仙,还有仙娥、仙童这样的侍从。他们各司其职,维护天地人间的秩序。

太白金星是中国民间传说中经常会出现的一位须发皆白的慈祥老仙人。究其原型,太白金星是天上的金星,是太阳系中的第二颗行星,又是各大行星中离地球最近的一个,在夜空中它是最亮的一颗星星,黄昏以后出现在西部天空,或黎明前夕出现在东部天空。后来,它被人格化为一个姓李名叫长庚的仙人,有人直接把他称做"太白金星李长庚",是著名的神仙老人。

一提起太白金星,人们便会想到《西游记》中那位白发苍苍的老神仙,他背着一纸诏书,往返于凌霄宝殿与花果山之间,对扰乱神界秩序的孙悟空一再进行招安,企图化干戈为玉帛。虽然最终还是天兵压境,对孙悟空进行了剿除,但作为文官、主和派的和事老,他给人留下了深刻的印象。

有时候,太白金星又是一位替人排忧解难的善良老者模样。清代无名氏编撰的《牛郎织女传》中,金童因在斗牛宫调戏天孙织女而被玉帝贬下凡间,投胎到河南洛阳府洛阳县牛家庄牛员外家,取名牛金郎。自从父母去世后,他经常遭到嫂嫂马氏的毒打。八岁的金郎仰天长叹一声怨气,被驾云经过的太白金星发现。太白金星向玉帝禀报实情,玉帝便命金牛星下凡,托附牛身,和金童做伴。后来,金童和织女结婚,因贪恋男女之情而忘却天职,玉帝欲杀二人,经太上老君求情,才命金童居天河西,织女居天河东,不准两人见面。两人终日在各自宫中叹息,这次又是太白金星感知二人的怨气,便跟太上老君商量拯救二人的妙策。玉帝最终批准,金童和织女每年七月七日相见一次。

在小说、戏曲和民间传说中,太白金星总是像及时雨一样,以和善仙人的面目出现,拯救处于危难中的人们。从他的身上可以看到很多天仙的特点。

◎ 地仙

地仙,是指那些出入于名山大川、长住世间的仙人。地仙虽不如天仙高贵,但已经获长生不老之术,在天上人间起着沟通作用。传说中的广成子、赤松子、八仙、全真七子等都是地仙。《西游记》中的镇元大仙被称做"地仙之祖",虽是小说家的虚构,道教神谱和民间信仰并无此仙,倒也生动有趣,不少人对此也津津乐道。

关于地仙的来历,各家说法甚多,颇有不同。《抱朴子内篇·对俗》着眼于修行立功,葛洪说:"人欲地仙,当立三百善;欲天仙,立千二百善。"但在《神仙传》中,葛洪写到的大量的地仙,其中有的人(如马鸣生、阴长生、帛和、张道陵等)已经得到九转金丹,服了之后可以白日飞升,成为天仙,但他们只服下半剂,先做地仙。这又是在强调服食丹药的重要性。司马承祯在《天隐子》中认为,人通过刻苦修炼可获仙道,仙人"在天为天仙,在地为地仙"。《仙术秘库》认为,地仙有神仙之才,无神仙之分,得长生不死,而作陆地游闲之仙,为仙品之中乘。到宋代,道士施肩吾著《钟吕传道集》,托言吕洞宾、钟离权的问答,对地仙做了说明:"吕曰:'所谓地仙者,何也?'钟曰:'地仙者,天地之半,神仙之才。不悟大道,止于中成之法。不可见功,唯以长生住世,而不死于人间者也。'"这里也强调地仙长生不死和住在人间的特点。

地仙和天仙不是一成不变的,地仙可以转变为天仙。从修行上来说,积德立功达到一定数量就得长生不死,成为地仙;继续积德立功,累积到足够数量,就可以飞升成天仙。从修炼角度上看,地仙为修炼之中乘,内丹道法上指完成炼气化神的胎养阶段,此时能在长寿的基础上得到长生不死,但只能在福地洞天活动,想要飞升天上还需继续努力。

修炼服药的方法,在仙话中主要表现为导引存思、食气辟谷、采药炼丹,以增阳减阴、存清去浊、炼化精气、滋补阳神。《淮南子·地形训》称"食气者神明而寿"、"不食者不死而神"。辟谷之法最晚在汉初已经出现,《史记·留侯世家》记载,张良晚年"乃学辟谷,导引轻身"。民间也有张良不死得仙的说法。辟谷之法(即不食五谷)离不开服用药物,以药物为食粮。《神仙传》中的严青,也是通过辟谷服药得为地仙的。

> 严青者,会稽人也。家贫,常在山中烧炭,忽遇仙人云:"汝骨相合仙。"乃以一卷素书与之,令以净器盛之,置高处,兼教青服石脑法。青遂以净器盛书,置高处,便闻左右常有十数人侍之。每载炭出,此神便为引船,他人但见船自行。后断谷,入小霍山去。

"断谷",也就是辟谷。严青在仙人的指导下,精修道法,辟谷而服食石脑,得到神仙的帮助,后来入小霍山成为地仙。这里他服食的"石脑",也称石髓,又叫太乙禹余粮或太一禹余粮。《图经衍义本草》说"饵服之不饥"。有人考证,石脑就是石钟乳,也是一种中药材。李时珍《本草纲目》卷九说石钟乳"久服延年益寿,好颜色,不老","主泄精寒嗽,壮元阳,益阳事"。

赵道一《历世真仙体道通鉴》、徐道《历代神仙通鉴》、王世贞《列仙全传》等书,对道士修炼服药而成仙的例子介绍很多。八仙之一的何仙姑居住在云母溪,十四五岁时做梦,神人告诉她服食云母粉可以身体轻盈、长生不死,梦醒之后她就开始服食云母粉,立誓不出嫁,一心修道,后来果然得偿所愿,成为地仙。

当然,服药仅是成仙的一个必要途径,欲成就地仙,还需要按照道教的要求进行修炼。道心坚固,孜孜以求,是修炼成仙的前提条件。做到这一点,才可以克服一切尘世庸俗的干扰,才可以清心寡欲、专心致志,才可以做到精气神合而为一。《庄子·在宥》中广成子告诫黄帝修道方法:"必静必清,无劳汝形,无摇汝精,乃可以长生。目无所见,耳无所闻,心无所知,汝神将守形,形乃长生。"广成子对黄帝强调的是清静、寡欲、专心、守一等方法。

　　积德立功也是修成地仙的重要途径。受儒家思想的影响，学道者修炼也讲究内圣外王、修身齐家治国平天下等，在重视修炼圣人之德的同时，还追求外在的事功。从《太平经》开始，方士就宣扬忠孝、仁爱思想，以兴帝王、致太平为重要目标，要求学道之人行善立功。《抱朴子》首倡，后为宋代《太上感应篇》所继承的"人欲地仙，当立三百善"的说法，也对学道者提出行善、济世、立功的要求。全真教开创者王重阳在《立教十五论》说："百年功满，脱壳登真，一粒丹成，神游八表。"他把功德积累和内丹修炼放在同等重要的位置。

　　修道者的立功，包括为国家人民造福，以及传说中的斩妖除邪。《神仙传》中的张道陵，炼成金丹，服丹之后可以立即飞升成天仙，但他对弟子们说："神丹已成，若服之，当冲天为真人，然未有大功于世，须为国家除害兴利，以济民庶，然后服丹即轻举，臣事三境，庶无愧焉。"他也是强调要为国家立功，除害兴利，再成为天仙才无所愧疚。他服了半剂金丹，先在人间做地仙，降伏六天魔王，医治疫病，为道民建立二十四治，再服下另外半剂金丹，转变为天仙。

　　总之，凡人都可以成仙，但是成仙之路漫漫，既要靠自己的勤奋修炼，也要积累功德，还要有成仙的机遇，能够放弃世间的荣华富贵、金钱美色、高官重权，湛然一心，笃志学道。唯有如此，方能有机会得道成仙。

　　◎ 尸解仙

　　葛洪在《抱朴子内篇·论仙》中说："下士先死后蜕，谓之尸解仙。"唐末五代杜光庭在《墉城集仙录序》中对尸解的解释是："解化托象，蛇蜕蝉飞。"《太平广记》卷五十八《魏夫人》中对尸解的描述则更为详细："所谓尸解者，假形而示死，非真死也。"又说："人死必视其形，如生人者，尸解也。足不青、皮不皱者，亦尸解也。目不落光，无异生人者，尸解也。发尽落而失形骨者，尸解也……其死而更生者，未殓而失其尸，有形皮存而无者；有衣结不解，衣存而形去者；有发脱而形飞者；有头断已死，乃从一旁出者；皆尸解也。"从以上诸种解释中不难看出，"尸解"就是遗弃肉体而仙去，像金蝉脱壳一样，阳神已成而形体无作用。

尸解因为像蝉蜕去外壳一样，所以也称"蝉蜕"，《楚辞》中的《九怀·陶壅》有"济沧海兮蝉蜕，绝北梁兮永辞"句，这里的"蝉蜕"就是身体成仙，空留原来的衣服，犹如蝉脱壳而去。此外，尸解还有解化、升化、羽化、隐化、示化、示终等不同的说法。

神仙传说中的所谓"尸解之方"，先秦已出现，秦汉已流行。西汉《史记·封禅书》中所谓"形解销化"，其实也是尸解。西汉桓谭《新论》说："圣人皆形解仙去，言死者，示民有终也。"东汉《太平经》多处讨论尸解的问题。宋代汇编的《云笈七签》卷八十五《太一守尸》称："夫解化之道，其有万途……或坐死空谷，或立化幽岩，或髻发但存，或衣结不解，乃至水火荡炼，经千载而复生，兵杖伤残，断四肢而犹活。"同卷《太极真人遗带散》称："凡尸解者，皆寄一物而后去，或刀，或剑，或竹，或杖，及水火兵刃之解。"《无上秘要》卷八十七和《云笈七签》卷八十四至八十六，载有尸解法十种以上，较著名者主要有四种：兵解、水火解、文解、太阴链质。兵解是借遭刑杀或战死沙场而成仙，如嵇康、郭璞遭刑杀后尸解成仙。

水解就是假托溺水,再尸解成仙,如冯夷溺水成仙。火解就是假借被火烧而尸解成仙,如宁封子自焚成仙。文解就是以他物(如剑、竹、杖等)化为尸形,真人隐身而去,如费长房以竹竿易形而后仙去。所谓太阴链质,就是人身死而形体屈伸如常人,其肉身百年不朽,仍可复活成仙。

文解之法,在小说中描写较多,民间传说也比较多见,为人们所熟悉。这里就介绍二例。

用宝剑替代尸身的方法,《太平御览》卷六百六十五介绍其方法如下:首先要斋戒百日,以净自身,在七月有庚辛之日,八月有辛酉之日,铸造精良利剑,长三尺九寸,宽一寸四分,厚三寸半。此种宝剑乃按太极四真人的灵剑标准打造,有的叫分景剑,有的叫挥神刀。宝剑铸成后,要常放在床上被褥之间以自卫,既可以驱避邪魔,又可以照映五形。若以剑尸解,先自言有疾在身,然后抱剑而卧,用唾液和飞精一丸如大豆吞食,再和一丸如小豆含于口中,念动咒语,闭目咽气九十次,就会看见太一神以天马迎于寝卧之前,所抱之剑已变换为自己的尸身,宝剑代尸入棺后会自动变回原形。如玉子得道后，能游于日月星辰之间。疾殁，葬在渤海山，后世有人掘挖其墓，只看见墓室中有一宝剑在，并且发出龙鸣虎啸的声音，没有人敢靠近它，不久这宝剑也不知去向了。

　　用竹杖替代尸身的方法，《赤书玉诀》记载：首先，要取灵山向阳之竹，长七尺有节，甘竹最佳，使上下通直，以做神杖。然后，写黑帝符放在下面第二个竹节中，接着依次在第三、四、五、六个竹节中，分别放入白帝符、黄帝符、赤帝符、青帝符。空着上面一节以通天，空着下面一节以立地。用蜡封住上节，在中间印上元始天尊之印章，再用蜡封住下节，中间印上五帝之章。用深红色的织锦做一长短大小足以容下竹杖的杖套。行走坐卧，杖不离身。于无人僻静之处，以杖指天，则天神设礼以待；以杖指地，则地神伺迎于前；以杖指东北，则万鬼藏形。用杖之时，当叩齿三十六次，思念五帝直符吏各一人，便会有五色之光笼罩神杖，还有五帝玉女各一人拱卫在神杖左右。念动咒语，然后吸五方之气各咽五次，共二十五次而止即可。施行此道术九年而不懈怠，则神杖不仅能载人在空中飞行，而且若欲尸解，则神杖会替化为真人。

《云笈七签》卷八十五载"王嘉兵解"之事：王嘉及二弟子为姚苌所杀，后来，姚苌"令发嘉及二弟子棺，并无尸，各有竹杖一枝"。

梁代道士孟安排在《道教义枢》卷一中，根据尸解的方式，将其分为上、中、下三等。其下等者，或为刀兵所害，或因自然死亡，真神暂时游于太阴，在这期间神灵为其守护尸首，三魂萦绕骨体，七魄护卫内脏，胎灵结气，不久就会复活更生；其中等者，是蝉蜕成仙，即身体假借一物形，表面上看已被覆土掩埋，真身早已隐形而去，打开棺木验看，只见一竹杖或一把剑，而不见尸首；其上等者，是以剑、杖化代尸形，常人莫能辨识真假，这种方式尸解者不久就能升化，游于太空，成为天界上仙。

唐代段成式在《酉阳杂俎·玉格》中说："白日去曰上解，夜半去曰下解，向晓向暮，谓之地下主者。"段成式是根据尸解时间的不同将尸解仙分为三等。

《云笈七签·阴君传鲍靓尸解法》载："上尸解用刀，下尸解用竹木……面目死于床上矣，其真身遁去，家人谓刀是其人也，用竹木如刀之法。"此书中认为上等尸解是用刀化成自己的尸形，真身隐遁而去，家人还都以为假尸首就是死者本人。而下等尸解则是用竹木代替尸首，隐其真身而仙去。

这些文献对尸解成仙术的介绍和评判各有不同，有些地方甚至有矛盾之处，显示了道教内部对尸解仙的认识也是不一致的。尸解是学仙者的一种解脱途径，也是对学仙者死亡的一种解释方法。尸解之说的出现，很好地掩盖了修道成仙的虚幻性。

尸解之说在古代很有影响。例如，历史记载屈原投汨罗江而死，但在民间社会，在尸解观念的影响下，民众认为屈原成仙了，变成了洞庭水仙。再如，东晋天师道起义领袖之一孙恩，兵败后投水而死，道众却认为他水解成仙而去，跟着赴水而死者不计其数。又如，南北朝时，岁岁有假托老君化身的李弘率众起义，屡杀屡现，就是因为民众相信李弘即使被捕杀，也不过是尸解遁去，不会真的被杀死，故不断有人托名李弘起义。众人也不辨真伪，自甘受其驱使。中国民间传说中的人物，如孟姜女、梁山伯与祝英台，都是悲剧性的死亡结

局,但孟姜女化为水仙之说在很多地方流传,而梁祝化蝶又
何尝不是一种转化成仙的途径呢?

漫漫成仙路

仙界是美好的,人们向往进入仙界,成为仙人。诗人用
游仙诗描写仙境,表达对仙界的向往之情;小说家通过塑造
人物形象,表现凡人百折不挠追求成仙的过程,以及人对仙
界的渴望。道教把仙界描述得无比美好,勾起无数人追求成
仙的愿望,但要进入仙界,首先要成为仙人,而要成为仙人,
仅有主观愿望是不够的,还要经过长期修炼,并接受严格的
考验。

◎ 隐居成仙

道教宣扬的成仙途径主要是自身修炼,不管是魏晋隋唐
时期借助外物以自坚固的外丹术,还是唐代以后讲求炼精化
气、还精补脑的内丹法,都要求学道者进行艰苦的修炼。立

志修道的人必须舍弃凡间一切牵绊,脱离日常生活状态,从各种世俗社会关系中退出,以求潜心学道,体道证仙,最后实现白日飞升。

《老子》云:"夫物芸芸,各复归其根,归根曰静。"老子说的意思是:静是修道的根本。老子指出修道的根本是清净无为、少私寡欲,这也是道教的核心主张。当然,凡人若想修道成仙,必须找到合适的修炼场所。隐居名山之中,可以好好修炼,不过,闹市之中,朝堂之上,也都是可以修炼的地方。俗语有云:"小隐隐于野,中隐隐于市,大隐隐于朝。"隐居场所只是外在环境差异,内心的静谧才是修炼者内在的、根本的因素。

从民间传说和文献载录看,隐居山林是最普遍的一种隐居方式,大多数得道成仙的人都曾在山林修炼过。《神仙传》记有茅君隐居得道的传说。茅君,名盈,十八岁入恒山跟随王远老祖仙师学道,长达二十年,道成升仙。后来,他的两个弟弟也辞官弃家,到句曲山与兄长一同修道,两个人在山下洞中修炼四十多年,最终,得道成为真人。三兄弟都是隐居山林之中得道升仙的。

隐于闹市的"中隐",也不乏其人。《后汉书·方术列传》中载有壶公和费长房的故事:

> 费长房者,汝南人也,曾为市掾。市中有老翁卖药,悬一壶于肆头,及市罢,辄跳入壶中。市人莫之见,唯长房于楼上睹之,异焉,因往再拜奉酒脯。翁知长房之意其神也,谓之曰:"子明日可更来。"长房旦日复诣翁,翁乃与俱入壶中。唯见玉堂严丽,旨酒甘肴,盈衍其中,共饮毕而出。

《神仙传》中也有这个故事,且对壶中仙境作了更为详细的描述:费长房在壶中见识到了一个神奇的洞天世界,于是与家人不辞而别,跟随壶公学道去了。在这个故事中,壶公是位隐居市井的仙人,只有费长房能够看破他的身份。

《列仙传》中瑕丘仲也是"中隐"市井的修仙者:

> 瑕丘仲者,宁人也。卖药于宁百余年,人以为寿矣。地动舍坏,仲及里中数十家临水,皆败。仲

死，民人取仲尸，弃水中，收其药卖之。仲披裘而
纵，诣之取药。弃仲者惧，叩头求哀。仲曰："恨汝
使人知我耳，吾去矣。"后为夫余胡王驿使，复来至
宁。北方谓之谪仙人焉。

卖了上百年药的瑕丘仲，无疑是一位已经得道的隐者，
卖药不过是他隐居修炼的幌子罢了。

除了卖药这种隐于市井的方式，还有一种化身为乞丐的
隐居方式。这些道人法术高妙，却甘为乞儿行走于市肆，行
乞于乡间，接受修道考验。有关这种乞道人的记载很多，八
仙中铁拐李、蓝采和都是。《东游记》中描写蓝采和：

　　每于城市乞钱，手持大拍板长二尺余，醉则踏
歌，老幼皆随观之。似狂非狂，歌则随口而作，皆有
神仙意，人莫之测。得钱则用绳缚之而行，或散去
亦不之顾，见其钱或赠贫者，或与酒家，周游天下。
人有自儿童时见之者，及白发之时，复见之，其颜貌
如故，衣履如旧。

后来,蓝采和遇见铁拐李,两位乞丐一起到濠梁酒楼饮酒讲道,忽然空中有笙箫之音,二人跨上白鹤,冉冉升天而去。

隐居方式中最为独特的是居于庙堂之上的"大隐",也叫"朝隐"。传说中最早实践"朝隐"的是西汉的东方朔。东方朔说:"陆沉于俗,避世金马门。宫殿中可以避世全身,何必深山之中,蒿庐之下。"所谓"金马门",乃西汉王朝的官署之门,门旁有铜马,故称"金马门"。世俗事务之繁琐,勾心斗角之激烈,莫过于朝廷,莫过于朝堂官署之间,然而,东方朔却能在金马门避世,身为帝王臣子,却不染尘俗,不做嗜利于宦署的蝇营狗苟之辈,洁身自好,特立独行,卓然处世,没有宁谧的心境是很难做到的。东方朔提出了一种不同于泉林隐逸的新方式,也为后世学道者的修炼场所提供了更多的选择。后世传说中,白居易、韩愈、李愬、苏轼等人,都被描述成仙人,他们来到人间,隐居于朝堂之上,经过一番曲折,仍然返回仙界。

凡人要想得道成仙,除了选择一定的隐居场所之外,还得借助一定的修炼方式。比较常见的修炼方式是铸鼎、炼丹、服药、辟谷、导引、吐纳、房中术等。

铸鼎成仙是早期的一种修炼方式，黄帝即是通过这种方式得道升仙的。有关黄帝铸鼎升天的传说来自《史记·封禅书》，前文已述。黄帝是唯一一个铸鼎成仙的人。一方面，鼎在古代被视为立国重器，是国家和权力的象征，也是很多仪式中重要的礼器，它自然就具有了一定的沟通天人的神圣性；另一方面，商周时代青铜冶炼很重要但是难度极高，只有王者有能力铸出鼎来，铸鼎成功的意义非比寻常。而随着青铜冶炼技术的提高，后世铸鼎变得容易起来，铸鼎成仙也就自然从成仙修炼方式中消失了。

丹法有内外丹之分。外丹修炼，是以朱砂、水玉、雄黄等矿物，置于鼎炉中密闭，控制火候，使诸药物产生化学变化，而形成丹药，再借丹药来改善体质，达到长生不死的目的。传说中服食外丹成仙的人有很多，其中著名的有魏伯阳、张道陵、马鸣生、左慈等。左慈在天柱山修炼期间得到了石室内的《九丹金液经》，从此能变化万端。后来，他在霍山炼成九转丹,服食后成仙。

内丹肇源于导引吐纳,立论于《周易参同契》,盛行于唐末至明清,主要注重精、气、神的炼化合成。内丹以人体内之精、气、神三者为药物,以人身体内之心、肾、丹田等脏器为鼎炉,将精、气、神三者化合为一粒内丹,此即所谓结圣胎,亦即成就内丹。内丹成则神仙可得。全真派的开创者王重阳将心性修炼作为修道的核心,他认为只要达到心性清净就可以步入仙坛。他在《重阳全真集》中写道:"本来真性唤金丹,四肢为炉炼作团。不染不思除妄想,自然衮出入仙坛。"除去妄想,一心清净,仙衣自然出现,修炼者也就步入仙坛。

辟谷之法亦称断谷、绝谷、休粮、却粒,即不食五谷之意。学道者宣扬以食气(服气)之术达到辟谷。人食五谷杂粮,要在肠中积结成粪,产生秽气,阻碍成仙的道路。另外,体内"三尸虫"专靠谷气生存,有三尸虫存在,人就产生邪欲而无法成仙。为了清除肠中秽气及除掉三尸虫,必须辟谷。《上清黄庭内景经》主张以服气、胎息之法达到辟谷,或食茯苓、巨胜、黄精、大枣、蜂蜜等药物来断食五谷和肉类。《魏书·

释老志》载,北魏道士寇谦之托言太上老君授以导引辟谷口诀,弟子十余人皆得其术。

导引术在两千多年前就产生了,导是运气,引是体操。早在春秋战国时期,导引术已经相当普遍,主要是呼吸和肢体运动。20世纪70年代马王堆汉墓出土的帛画中,就有《导引图》,绘有各种运动姿势,包括"吐故纳新"的呼吸运动,摹仿"熊经鸟伸"的仿生运动,以及"摇筋骨、动肢节"等多种肢体、关节运动。

房中术也是修炼成仙的途径之一。《列仙传》中彭祖、容成公都擅长房中之术,甚至老子也成了"好养精气,贵接而不施"的房中高人。容成公的房中术,通过两性交接还精补脑、守生养气,能"发白更黑,齿落更生",已经掌握了长生秘诀。后世房中术多称"容成之术",就是从这些传说来的。

◎ 食药成仙

早在战国时期,就有神仙方士宣扬世上有能令人长生不老的仙药,只要找到并服食这种药物,就可以长生不死,肉体长存。《山海经》中已经有不死树、甘木、甘露、芝草等不死药了,还有不死山,大概是山上有不死药,所以得名。《淮南子·览冥训》载:"羿请不死之药于西王母,姮娥窃以奔月。"姮娥就是嫦娥,她吃了西王母的不死药就飘然飞升,一直飞到月亮上,成了月中仙子。这种仙话故事是很有吸引力的,不死药就成为了方士们努力寻找的东西。于是,各种仙药、不死药纷纷出现,或出于昆仑山、东海神山,或出于道士的炼丹术。在神仙传记中,大部分人都是通过服药实现登仙的。这些药物也有高下之分,所服药物高下不同,所成之仙也有高低之别。葛洪在《抱朴子·黄白》说:"朱砂为金,服之升仙者,上士也;茹芝导引,咽气长生者,中士也;餐食草木,千岁以还者,下士也。"在葛洪看来,朱砂炼成金丹,服用之后就可以成天仙;服用灵芝,加上导引之术,可以得到长生不死;而服用草木配成的药物,只能是活到千岁的长寿而已,未必能成仙。

仙药大致分为四类:金丹类仙药、植物类仙药、矿物类仙药以及动物类仙药。

金丹是方士将矿物等合炼而成的丹药。较矿物类仙药，金丹类是将矿物烧炼，经过一定人工处理的。古人炼丹主要以"五石"为原料，五石就是丹砂、雄黄、白矾、曾青、慈石。在某些直观经验作用下，方士尝试将矿石与其他物质混合放入炉中烧炼，试图将物性转变为药性，以便服食后能获得持久的物性。葛洪在《抱朴子·金丹》中说："夫金丹之为物，烧之愈久，变化愈妙；黄金入火，百炼不销，埋之，毕天不朽。服此二物，炼人身体，故能令人不老不死。"这里葛洪先介绍了金丹、黄金二物具有持久不变的稳定物性，并认为服用这两种东西，就可以获得它们的物性，从而得以不老不死。另外，用朱砂等原料提炼黄金，这种炼金术也有让人长生的作用。《史记·孝武本纪》中，李少君对汉武帝说："祠灶则致物，致物而丹沙可化为黄金，黄金成以为饮食器则益寿，益寿而海中蓬莱仙者可见。"李少君建议汉武帝祭祀灶神，用朱砂炼制黄金，然后用黄金做成饮食器具，就可以延长寿命，进而可见蓬莱仙人。这些说法都带有强烈的巫术色彩，今天看来很可笑，但是在古代方士那里，这种理论却很有吸引力，令不少人

奉为圭臬,很多帝王也津津乐道。据说是魏伯阳所作的《周易参同契》卷上云:

> 金性不败朽,故为万物宝。术士服食之,寿命得长久。土游于四季,守界定规矩。金砂入五内,雾散若风雨。薰蒸达四肢,颜色悦泽好。发白皆变黑,齿落生旧所。老翁复丁壮,耆妪成姹女。改形免世厄,号之曰真人。

这段话也力推黄金不朽的品性,认为服食黄金寿命可以得长久。李少君对汉武帝说的是用黄金为饮食器具,在这里则变成了直接食用黄金了。黄金千年不朽,这是事实,但是食用黄金如何消化? 有一种自杀方式就是"吞金",方士宣扬服食黄金,岂非自取灭亡! 然而这种说法却流行了上千年。

葛洪在《神仙传》中借彭祖之口说:"欲举形登天,上补仙官者,当用金丹,此元君太一所服,白日升天也。"服食金丹,可以成天仙之道,《神仙传》中有很多例子。玉子、九灵子、北极子、绝洞子、太阳女、太阴女、南极子、马鸣生、左慈等,都是通过服食金丹成仙升天的。葛洪在描述这些仙人时,将他们当做真实存在的人物进行刻画,更增加了世人对成仙的信心。

各类金丹中,最为上乘的当属九转金丹。据说左慈是炼成九转金丹成仙的,葛洪本人也曾炼过,陶弘景和张三丰也曾炼过此金丹。沈约也对九转金丹心存向往,他在做东阳太守时,曾多次入茅山与陶弘景谈道,也作了很多诗表达自己对神仙玄妙境界的羡慕,但他又不愿涉足其间,只是希望别人能够炼成九转金丹,然后分他一杯羹,赠一些金丹给他服食。

中国古人医治疾病主要依赖草药,有神农氏尝百草发明中药的神话。后来的药物学著作也多以"本草"、"草经"为名,如《神农本草经》、《新修本草》、《开宝草经》、《本草图经》、《本草纲目》等,所记药物不囿于草木,还有矿物、禽兽、虫鱼,但以草木的数量为最多。方士追求不死所寻的仙药,也大多是植物类的。

山川乃是草木渊薮，也是各种药物的产地。《山海经·大荒西经》云："大荒之中，有山名曰丰沮玉门，日月所入。有灵山，巫咸、巫即、巫肦、巫彭、巫姑、巫真、巫礼、巫抵、巫谢、巫罗十巫，从此升降，百药爰在。"这座灵山有十巫，在此可以自由升天降地，各种药草也集于此。群巫采集的不是普通的草药，当是所谓的不死之药，他们用这种药对死者施行复生术。又如前文提及的，在昆仑山的开明东，以巫咸为首的众巫，人人都手操不死之药，用来抗拒死亡。众巫拒死之术，主要是借助草药的力量，这是由中国古代的药物知识所决定的。当然，药草之效让人不死或者成仙，完全是对草木药性的夸大所致。托名东方朔的《十洲记》里多有对"仙草"的记载，如"祖洲，近在东海之中……上有不死之草"，"人已死三日者，以草覆之，皆当时活也。服之令人长生"。各种仙草不仅生长在昆仑山、海中仙山，也生长在中华本土之内，所以道士能够出入名山大川挖药材，配置各种神药仙方。

各种草药中，方士尤以黄精为贵，认之为仙药之上品。黄精素来带有神奇色彩，在古代养生学中，它是一味神奇的延年益寿的药物,有"久服成仙"之说。葛洪《抱朴子》说:"昔人以本品得坤土之气,获天地之精,故名'黄精',服之十年乃可大得其益。"《本草纲目》认为黄精:"气味甘平无毒,可以用于补中益气,除风湿,安五脏,久服轻身延年不饥,补五劳七伤,助筋骨,耐寒暑,益脾胃,润心肺,单服九蒸九曝,食之驻颜断谷,补诸虚,止寒热,填精髓,下三尸虫。"从"久服轻身延年不饥"和"食之驻颜断谷"便可知黄精的作用了。而"下三尸虫"一说,则因古人认为杀除体内"三尸虫"就可以获得长生,所以黄精能够驱除体内"三尸虫",也是说它具有致人长生不死的作用。葛洪的《神仙传》也有服食黄精成仙的记载。其第六卷《王烈》中,王烈就是"常服黄精并炼铅,年二百三十八岁,有少容,登山如飞"。第十卷《封君达》说,陇西人封君达"服黄精五十余年,又入乌鼠山,服炼水银。百余岁,往来乡里,视之如三十许人"。王烈和封君达早年都常服食黄精,最终入山成仙。

　　茯苓也常被视为神药。《神农本草经》说茯苓"久服安魂养神,不饥延年"。相传千年以上的茯苓可以变化为兔,或化为鸟,服之轻身,成就仙道。魏晋时期,食茯苓以求长生蔚然成风。南朝此风不减,据说齐梁时期陶弘景辞官返乡时,梁武帝每月赐茯苓五斤,白蜜二斤,以供服用。可见古人已把茯苓视为延寿珍品。相传金华黄大仙就是通过服食茯苓、松脂成就仙道的。《神仙传》中说,黄初平十五岁出门放羊,被道士带到金华山石室,四十多年一直以茯苓为食。他哥哥黄初起在山上找到了弟弟,发现弟弟仍然是十五岁的模样,而且具有了叱石成羊的仙术。黄初起便舍弃妻子儿女,留在弟弟身边,两人一起服用松脂、茯苓。过了五千天,黄初起便能坐着存在,站着消失,在太阳下行走没有影子,而且面色如儿童。

菖蒲也是修仙者喜爱服食的药物。同样源于《神仙传》的一个故事:夏代的务光,常吃嫩蒲草和韭菜根。后来,汤推翻夏朝建立商朝,为了推辞汤要他做君王的请求,务光背着石头自溺于蓼水,四百年后又出来朝见天子武丁,最后,入尚父山成仙。汉武帝在嵩山石室学道,一位仙人教汉武帝采撷石上一寸九节的菖蒲服食,汉武帝服了几次就不能坚持了。有一位名叫王兴的人听说了这个仙法,坚持服用菖蒲,几百年后他看上去不过五十岁左右。有古诗云:"石上生菖蒲,一寸八九节。仙人劝我餐,令我好颜色。"这首诗赞叹服食菖蒲令人容颜永驻的神奇功效。

植物类仙药的种类繁多,常见的还有松脂、桂枝、地黄、当归、天门冬等。早在黄帝时,就有赤将子舆不吃粮食,靠吃百草花卉维持生存,后来得道成仙的传说。据说那位活了八百岁的彭祖,也是经常食用桂花和灵芝,后来不死成仙。诸如此类的记载历代有很多,这里就不再——列举了。

植物类仙药还包括传说中的蟠桃、仙枣。民间传说和古代小说中描写了很多的瑶池宴,蟠桃是不可或缺的神奇仙果。西王母在自己生日到来之际,于三月三日在瑶池之内大宴各路神仙,宴会高潮时分,众仙女捧出蟠桃供各路大仙品尝。据说,蟠桃的品种各有不同,凡人吃了蟠桃,或者可以成仙得道,或者可以延年千岁,或者可以医治怪病。如果要追溯瑶池蟠桃会的源头,《汉武故事》中西王母夜降汉宫会见汉武帝,并赠给汉武帝仙桃,应是这个故事的滥觞。至于仙枣,也可以追溯到汉武帝,据《史记·封禅书》载,汉武帝招徕的一位名叫李少君的方士,他说:"臣尝游海上,见安期生,食臣枣,大如瓜。"这种"大如瓜"的枣是仙人所食,李少君自称得到安期生馈赠,也得以沾尝。后世传说中,王母枣、仙人枣不时出现,各种名目的枣也是修仙者喜爱的果子。

葛洪在《抱朴子·黄白》中认为服用草木之类的药物可以活到上千岁,并没有说到可以成仙,更不要说飞升到天上成为天仙了。但是,历代还是有很多服食草木药物而成仙甚至飞升的传说。成仙本来就是一种传说,各家说法不同,也属自然之事,都不必较真,去考证出一个你真我假来。

与经过烧炼的金丹不同,矿物类仙药是直接服用未经烧炼的具有药物价值的矿物质。早在汉代就对丹砂、雄黄、白矾、曾青、慈石等"五石"有神秘认识,认为这些矿物都具有驱鬼辟邪之效。三国时期,据说服用"五石散"(据鲁迅考证,所谓"五石散",大概是由石钟乳、石硫黄、白石英、紫石英、赤石脂五种主要原料和另外一些辅料组合而成的药)能强身健体,于是引发社会上"服石"之风盛行,进而"服石"又成为一种社会身份和地位的象征。"五石散"主要成分为砷制剂，服用后要仔细调理，否则会致人死亡。首先，服散后一定不能静卧，而要走路，所以魏晋名士最喜欢散步，称之为"行散"，其实这并不是他们格外喜爱锻炼身体，而是因为躺下或者坐下不动弹就有可能性命不保。除了走路，饮食着装上也要格外注意，因为服散之后全身发烧，之后变冷，症状颇像轻度的疟疾。但他们发冷时倘若吃热东西穿厚衣物，那就必死无疑。一定要穿着薄衣，吃冷东西，以凉水浇注身体，所以五石散又名"寒食散"，要寒衣、寒饮、寒食、寒卧，愈寒愈善。但是有一样例外，就是喝酒，一定要喝热酒，酒还越醇越好。另外，还要多吃东西，一定要大量进食。后来，炼丹家们炼出了可升华的砒霜（氧化砷），服用起来更为方便，结果服药者不是中毒就是发病，一个接一个地死亡。东汉的《古诗十九首·驱车上东门》就有"服石求神仙，多为药所误"的批评，魏晋以后服食矿物而死的人更多。尽管如此，也未能抑制人们服食矿物追求长生不老的冲动，历史上有不少学仙者仍然服食矿物，传说中也有不少人因此得道成仙。

服食矿物成仙的人中,赤松子算是最有名的了。《列仙传》记载:"赤松子者,神农时雨师也,服水玉以教神农。"赤松子成仙是"服水玉",水玉在古代有三种说法:一即水晶;二为玻璃别名;三为药名,即半夏。这里的水玉大概指水晶。《山海经·西次三经》有:"又西北四百二十里,曰峚山……丹水出焉,西流注于稷泽,其中多白玉,是有玉膏,其原沸沸汤汤,黄帝是食是飨。"我们知道,战国时期黄帝已经开始被奉为神仙,所以这里说黄帝"是食是飨",也是把玉膏当做仙人的饮食来看待的。对于玉的延年益寿功能,屈原《九歌·涉江》表述得也很清楚:"登昆仑兮食玉英,与天地兮同寿,与日月兮齐光。"屈原幻想自己能够进入昆仑仙境,服食玉英之华,从而长生不老,如天地日月一般永存于世。

除了水玉、玉膏之外,还有很多矿物也能成为仙药。据说尧时的隐士方回烧炼并服食云母,夏末曾被人劫持要强行跟他学习道术,他变化脱身而去。宫嵩服云母成为地仙,彭祖也服食云母粉。邛疏煮食石髓,几百年后还往来于太室山。会稽人严青得到仙人给他的素书,教他服食石脑。陵阳子明按照所钓白鱼肚子里的服食方,采食黄山五石脂,三年后被龙接到陵阳山隐居。另外,水银也经常出现在方士的食谱当中。巴国的戎人赤斧用水银炼丹,与硝石一并服用,三十年后返老还童,毛发丛生并且变成红色,后来又上华山采取禹余粮服食,相传几代人都看见过他。北海的巫炎两百多岁时服食水银,白日飞升,汉武帝用了一点他的道法,寿数已经远远超过其他皇帝了。陇西的封君达也炼水银服食,一百多岁就跟三十多岁一样,两百多年后到玄丘山做了神仙。

让人升仙的矿物类药物有很多,这些药物在今天看来大多是有毒性的,或者直接服用根本没有任何医疗功效,但是古人却相信这些矿物有神奇的药效,能够让人升仙。由于直接服食矿物会导致疾病或者死亡,唐代先后有六位皇帝死于服食丹药,唐以后服食矿物丹药的人就渐渐地少了。

方士服食的四种仙药中,用动物的骨肉内脏等配制的类仙药是最少的,但也自成一类。《列仙传》中的桂父至少有几百岁,他经常服用丹桂和冬葵,需要用大龟脑汁调和制成药丸。相传,他的皮肤呈黑色,但有时变白,有时变黄,有时变红。后世有龟脑桂丸在荆州以南一带流行。

葛洪的《神仙传》中记载关于彭祖的传说,说他760岁都不见衰老,擅长补养、导引之术,并且服食水桂、云母粉和麋鹿角,所以外表很年轻。

明代章回小说《西游记》中,到西天取经的唐僧成为各路妖魔鬼怪追逐的目标,因为据说吃了唐僧肉可以长生不老,所以他们使尽各种阴谋诡计一心要抓到唐僧。唐僧肉成了帮助他们长生不死的仙药。

各种仙话中还有其他一些少见的物质也能作为仙药。《神仙传》中天门子在采补养生的同时,服食珍珠和泉水,最后得以成仙。饮用泉水或者洞水可以延年益寿、不死成仙的说法虽然在《十洲记》中已经出现,但在后来的传说中相对较少。

《幽明录》中记载,有一个人被妻子推进洛阳附近一个洞穴中,此人在洞穴内行走数十里,洞穴渐渐宽阔,亦有微弱的光明,遂得宽平广远之地。于是,此人在洞中得到神奇的食物:

> 最后所至,苦告饥馁。长人入,指中庭一大柏

树,近百围,下有一羊,令跪捋羊须。初得一珠,长
人取之,次捋亦取。后捋令啖食,即得疗饥……往
还六七年间,即归洛。问(张)华,以所得二物示之。
(张)华云:"……羊为痴龙,其初一珠,食之与天地
等寿,次者延年,后者止饥而已。"

该书还记有一位晋人误堕穴中,他幸运地来到一个仙
馆,吃到了令人力量大增的玉浆和蛟龙洞中的龙穴石髓,这
些神奇之物都是这里仙人的食物。

仙药种类是纷繁复杂的,既有常见的也有稀有的,既有
天然的也有合成的,既有固体的也有液体的,但是,所有的仙
药功效是一致的,就是在不同程度上让人脱离凡俗性。仙话
中的人物在服食完仙药后有的飞举升天,有的延年益寿,最
平凡的情况也是使能力增强到常人无法企及的程度。这种
传说十分诱人,难怪方士们上天入地寻仙方,服食仙药。

◎ 孝悌成仙

修炼成仙的途径是多种多样的,除了隐居修行、服食各

种仙药之外,个人内心世界的净化和道德品质的提高也很重要,而且在学仙过程中,忠君孝父、建功立业,都对修炼进程起到了促进作用。这种重视道德品质的修炼方式,其演进是有一个过程的。早期的方仙道士只宣扬长生不死、修炼成仙,不谈论个人道德修养问题。到汉代,受儒家思想影响,方士修炼也开始讲究修身、齐家、治国、平天下,在追求自身修炼的同时,也注重外在的事功。两宋时期兴起的净明道就直接以"忠孝神仙"为宗旨,主张忠孝立本,倡行忠孝建功,还说"若修仙道,先修人道,人道之极,仙道自至",以此作为修炼成仙的途径。明清时期在民间士绅中间还流行功过格,不用隐居修炼,也无需服食丹药,只是把每天所作所为对照《太上感应篇》、《阴骘文》等善书上的条文,给自己的善行加分,不善行为减分,积累分数,据说积累到一定数量,死后就不再赴阴曹地府,而是上升到仙界。善行不外乎忠孝君父、接济贫穷、修桥补路、护生戒杀、敬惜字纸、奉祀神明、化解纷争,基本都是古人日常生活中的高尚行为。下面分别从忠孝和立功两个方面来介绍这种修仙方式。

忠孝是中国伦理道德之本。忠和孝不仅是儒家伦理道德的支柱，还作为社会建构之根本深植于中国民众思想之中。道教也同样把忠孝思想融入其思想体系，即"欲修仙道，先修人道"，所谓先修人道，其核心就是要践行孝道，以达至忠至孝。

《太上灵宝净明四规明鉴经》说："学道以致仙，仙非难也，忠孝者先之。不忠不孝而求乎道而冀乎仙，未之有也。比干杀身以成忠。生者人之所甚爱，比干不爱其身，而舍身以求道。信道有备，知其不误，其为仙也。大舜终身以成孝。劳者人所甚畏，大舜不惮其劳，而服劳以求道。信道有备，知其不误，其为信也。忠孝之道，非必长生，而长生之性，存死而不昧，列于仙班，谓之长生。"这说的就是比干因其忠心耿耿，舜由于孝感天地，最后都长生不死位列仙班。

对于修仙者来说，"忠"是不可或缺的。不忠之人，无论如何修炼也不能进入仙界。南宋初期创立的净明道主张"忠孝神仙"说，把忠孝行为提高到直接通往成仙之路的高度。被奉为净明道教祖的许逊就是个至孝之子，据传许逊的师父吴猛也是孝行卓绝之人。《艺文类聚》卷二十引《续搜神记》曰："吴猛性至孝,小儿时,在父母边卧,时夏月,多蚊虻,而终不摇扇,云惧蚊虻去我及父母。父母终,行服墓次,蜀贼纵暴,焚烧邑屋,发掘丘陇,民人迸窜,猛在墓侧,号恸不去,贼为之感怆,遂不犯。"正因为他的至孝,最后才能尸解成仙,名列仙班。

类似的因为忠孝而得以成仙的传说还有很多。为什么本属道教的修仙情节加入这么多儒家忠孝故事?原因就在于儒家文化是中国传统文化的核心,对其他文化有较大影响力,在漫长的历史上逐渐将忠孝观念渗透到仙道文化中,造成修仙学道也离不开忠孝的情况。

除了忠孝成仙以外,立功也是成仙的一条途径。立功的具体方式主要有出将入相、造福一方、消除瘟疫、救济灾民、惩治奸恶、除暴安良等。

许逊灵剑斩蛇为民除害,是江南广为流传的传说。唐代段成式《酉阳杂俎》卷二《玉格》载:"晋许旌阳,吴猛弟子也。当时江东多蛇祸,猛将除之,选徒百余人。至高安,令具炭百斤,乃度尺而断之,置诸坛上。一夕,悉化为玉女,惑其徒。至晓,吴猛悉命弟子,无不涅其衣者,唯许君独无,乃与许至辽江。及遇巨蛇,吴年衰,力不能制,许遂禹步敕剑,登其首,斩之。"许逊活到 136 岁时,有仙人从天上降临,授他"九州都仙太史高明大使"的仙职,全家四十二口人同一天成仙,宅院也从豫章西山升天,就连鸡和狗都跟随着成仙了。许逊不仅是孝顺,还建立了很多功德,为民除害,故得以拔宅飞升。

《神仙传》中,张道陵为了建立功业,天仙丹药炼成后仍不服用,准备立功于民后再飞升上天。他先后打败六天魔鬼,夺下二十四治,横行蜀中的数万魔鬼都被他发遣到西北不毛之地。他与魔鬼盟誓道:"人主于昼,鬼行于夜,阴阳分别,各有司存,违者正一有法,必加诛戮!"从此以后,人鬼殊途,鬼不再骚扰人的正常生活。在冯梦龙编著的小说《张道陵七试赵升》中,张道陵与赵升、王长师徒三人去巴东捉妖,赶走了盘踞于咸泉的毒龙,又用神符镇压十二神女为井神,防其降下灾祸。做完这些后,张道陵才和赵升、王长一道服食仙丹，白日飞升上天。

得道成仙并非易事，有些学道者即便得道，也并不能够同时成为品阶较高的上仙。这样的仙人只是具备法术，能够降妖伏魔、驱鬼捉怪而已，要想进一步增加自身功力成为上仙，就必须积累善行和功德。功德的积累对于修炼者来说是至关重要的，功德不断积累，在仙界的地位也就不断上升。

当然，有些凡人要成仙光靠修炼、忠孝立功是不够的，还需要有神仙来对其进行度脱，以完成从人到仙的最后一步。

脱凡胎，成仙骨

人间的富贵荣华犹如浮云流水，转瞬即逝，相较之下，传说中的仙界美好而永恒，因而显得更加珍贵。凡人要想永久地生活在无忧无虑的仙乡，唯有学道成仙。凡夫俗子中偶尔也有幸运儿闯入仙境，遇到神仙，一睹神仙世界的美妙。有时候神仙还会主动下凡来度脱有"仙骨"的有缘之人成仙。

神仙度脱凡人的故事在宗教故事、民间传说和小说戏曲中都屡见不鲜。

　　并不是所有的凡人都能有幸被度脱成仙,只有具备一定条件的人才能有此殊荣。这些条件包括骨格不凡、德行高洁、有求仙愿望等。

　　这里的"骨格",指的是此人有仙骨,即成仙的潜质。神仙要度脱一个凡人,首先看重的就是他是否具有这种先天潜质。

　　《东游记》中钟离权之所以愿意度脱吕洞宾成仙,看重的就是吕洞宾身上的仙风道骨。小说中描述吕洞宾出生时,"异香满室,天乐并奏,白鹤自天而下,飞入怀中不见。真人生而金形玉质,道骨仙风,鹤顶猿背"。少年时,他聪明绝伦,清净自守。成年之后的吕洞宾形象极好,这点从世间流传的吕祖画像上就可以看出来。虽然这些画像不尽相同,有的画成豪气冲天的剑侠形象,有的则是文质彬彬的文士形象,但无论哪一幅,吕洞宾都具有飘逸自若的神采。后世一说道家的男仙形象,大致就是吕洞宾这个样子。他的先天气质,使之成为男性仙人的"标准像"。

　　大诗人李白同样是自有仙风道骨之人,他曾被道教大师司马承祯夸赞,并由此产生灵感,做出《大鹏赋》一文。李白在鄂州江夏(今武汉)期间,正值司马承祯要去朝拜南岳衡山,途经此地。司马承祯不但道行高深,而且博学能文,从武后(武则天)以来即已屡次奉诏入京,封以官爵,屡辞不受。李白对他早有崇敬之心,便前去拜访。李白器宇轩昂,资质不凡,司马承祯一见已十分欣赏,及至看了他的诗文,更是惊叹不已,称赞他"有仙风道骨,可与神游八极之表"。李白得到如此高的评价,不禁飘然有凌云之慨,于是深思喷薄而出,完成了《大鹏赋》。此赋依据《神异经》中所说的昆仑山有大鸟,名曰希有,南向张左翼覆东王公,右翼覆西王母,而《庄子·逍遥游》中又有展翅九万里的鲲鹏。李白觉得司马承祯好像是希有鸟,自己则好像是鲲鹏。只有希有鸟能认识鲲鹏,也只有鲲鹏能认识希有鸟。于是李白第一句就写道:"余昔于江陵,见天台司马子微,谓余有仙风道骨,可与神游八极之表。"在文中李白淋漓尽致地抒发了他从少年时代以来,一直在心头汹涌澎湃,而且越来越强烈的豪情逸致。李白身上的仙风道骨能为司马承祯所赏识,可见其不凡的气质,而这恐怕也是李白被称为"诗仙"、"谪仙"的主要原因吧。

除了具有"仙风道骨"之外,被度脱之人还须具备高洁的德行,如忠孝、厚德、仁慈等。道德品行高洁是被神仙选中并度入仙班的重要条件。

《神仙传·沈羲传》中有类似的记述。沈羲是吴郡人,他听说蜀地乃有道之人聚居之地,便来此求仙问道。他生性善良忠厚,没有学到炼丹求仙的方法,只学到了医治百病的本领。沈羲一心一意地为老百姓治病,百姓对他感恩戴德。这件事很快传到天庭,天帝也被沈羲的义举所感动,便决定让沈羲得道成仙。一天,沈羲与妻子贾氏坐着车,前往儿媳卓孔宁家,正走在路上,忽然看到前方大路上车尘滚滚。沈羲大吃一惊,忙仔细观瞧,只见道旁停着三驾车,令人惊奇的是,驾车的是白鹿、青龙和白虎,每辆车后面都有数十名侍从,骑着高头大马,身穿红色衣服,手持仪仗,腰挎宝剑,威风凛凛。双方相遇,对方车队中走下一人,来到沈羲面前问:

"请问你见到沈羲道士没有？"沈羲被这句没头没脑的话问愣了，说："不知谁是沈道士呀？"那人说："是沈羲。"沈羲更是惊讶，便答道："我就是沈羲。"对方向他微微一笑，说："沈羲，你长期以来诚心为百姓治病，在天地间立了大功。我们考察了从你幼年到现在的所有表现，没有发现你有任何过失。你命中注定寿命不长，不久即将死去。天帝和太上老君很怜悯你，今番特意要迎接你成仙。你看，那乘白鹿车的，是侍郎薄延；那位乘青龙车的，是专门管超度凡人，使之成仙的司马生；那位乘白虎车的，是迎宾使者徐福。"这时，薄延、司马生和徐福从三辆车上走下来，他们递给沈羲一块白玉板，并对他说："奉天神旨意，现拜你为碧落侍郎，你从此将主管吴越之地百姓的生死。"言罢，便把沈羲和夫人贾氏迎上车，升天而去。

　　沈羲成仙之后，还不时来到人间，继续治病救人，得到吴越百姓的称赞和信奉。一心为百姓解除病苦，一心为天下苍生着想，他的高洁德行可见一斑。

　　具备了仙风道骨、德行高洁，被度脱之人还必须有求仙的愿望,也就是在主观意志上想成仙,并且意志坚定。

《神仙传·吕恭传》描写到,吕恭年轻的时候就有成仙的愿望,他常常带领奴婢到太行山中去采仙药,以求长生不老。有一天,他在山谷中遇到了三个仙人,三个仙人看到吕恭有如此的赤诚之心,而且求仙的愿望如此坚定,就将仙术教授给吕恭,助其成仙。

魏伯阳是传说中的炼丹家,他与三个弟子入山烧炼神丹。神丹炼成了,他想试探弟子求仙之心是否坚固,就对他们说:"神丹已成,应先试丹。先给狗吃,如果狗马上飞起来,人就可以服食;如果狗死了,人就不能服食。"魏伯阳进山时带了条白狗,随身还带着没达到火候的有毒丹药。他把毒丹给狗吃,狗立刻死了。魏伯阳故作悲伤地说:"我违背世俗,弃家入山,即使得不到仙道也不打算回去了,不管生死,我都要吃。"于是,他服下丹药,也立刻死了。弟子们见此情景,觉得炼丹是为了长生,这神丹一吃就死,服它何用!只有弟子虞生愿意随老师一同赴死,也服丹,立刻死了。余下的两位弟子商量说:"我们之所以炼神丹,是为了求长生,现在不服神丹还有几十年寿命,服下神丹立即就死,不如不服。"于是,二人一起出山给魏伯阳和虞生买棺材去了。等他们一走,魏伯阳马上起来,将所服的神丹送进虞生和白狗的嘴里,虞生和白狗又活了过来。他们离开时,碰到了伐木人,就让伐木人给那两个下山的弟子带口信,感谢他们准备安葬的好意。这两位弟子此时才知道老师没有真死,而是服用神丹成仙去了,懊悔晚矣。这个故事里,只有虞生显示出了坚定的成仙意志,所以也只有他最终能够成仙。这给那些三心二意的学道者敲了警钟——只有自始至终坚信神仙,侍奉本师,才有可能得到长生不死之术,位列仙班;如果三心二意,犹豫多疑,将难以得到仙道。

重重考验为度脱

在各种仙人传说中,度脱前对凡人的考验是很重要的环节。仙人一般利用法术创设种种幻境,对学道者进行多方测试,以验明其是否真心向道,道心是否坚固。只有通过重重考验的人才能最终进入神仙世界,而经受不住考验的人只能继续修炼,直到"达标"为止。

◎ 李八百试唐公昉

李八百是周代蜀国人。蜀人不知他叫什么名字,只是几代人都见过他。从最初有人见到他那天算起,他活了至少八百岁,所以百姓都称他为"李八百"。

《神仙传·李八百》记载:李八百行踪飘忽,居无定所,或隐居山林,或栖身集市。他得知汉中有个叫唐公昉的,有心修道,却苦于无高人指点,他决定度脱唐公昉成仙。在度脱之前,他要先试一下唐公昉的求仙意志,看看他的道心是否坚固。于是,他打扮成穷人去唐公昉家做雇工。李八百干起活来十分卖力,故颇得唐公昉的喜爱和赏识。后来,李八百装出重病缠身、即将死去的样子,唐公昉见状,焦急万分,他立即请来郎中为李八百诊治,又忙着为他买药、配药。为了治病,唐公昉花费了数十万钱,可他一点也不心疼,毫无嫌弃病人之意,只是替病人感到担忧。紧接着,李八百浑身又生起了恶疮,溃烂流脓,发出阵阵恶臭。唐公昉见李八百病情恶化,十分难过,流泪不止。李八百满脸痛苦,说道:"你别太着急,我的病可以治好,只是不能用普通的疗法。治我的病,必须让人用舌头舔我的疮口,方可治愈。"公昉听了,将信将疑,忙叫来三名婢女舔李八百的伤口。婢女们舔了一阵,李八百又说:"她们是舔不好我的疮口的,只有你亲自舔,才能痊愈。"唐公昉忍着冲天臭气,亲自舔疮口。谁知李八百一心想考验公昉,他见公昉舔毕,又说:"光你舔还不行,你还要让你妻子舔我的疮,我才会康复。"唐公昉二话没说,当即让妻子舔了一遍。然后,李八百又道:"现在我的病好得差不多了,但还需要三十斛美酒给我洗澡,这样才能彻底治好。"于是,唐公昉马上让人准备了三十斛美酒,倒在大盆里,请李八百入浴。洗罢澡,李八百身上的恶疮全部消失了,肌肤光若凝脂,连一点疤痕都未留下。这时,他才对唐公昉说:"实不相瞒,我不是雇工,是仙人,到这里来是专为点化你成仙的。经过多番考察,我认为你确实是可造之才。现在,我就把得道成仙的秘诀全部告诉你。"说罢,李八百让唐公昉夫妇及为他舔疮的三名婢女来到大盆边，让他们在他刚沐浴过的酒中洗浴。浴毕，公昉等人感到飘飘欲仙，轻快舒展。这时，李八百拿出一卷《丹经》，交给唐公昉。公昉拿过经卷，到云台山里制作丹药，后来，服丹药成仙而去。唐公昉成仙之处，就在汉中。

李八百的故事后代流传甚广。唐朝时，他被称做"紫阳真人"。唐代诗人符载在《题李八百洞》诗中写道："后世何人来飞升，紫阳真人李八百。"再到后来，李八百的名字成了仙人的通称。

◎ 张道陵七试赵升

张道陵七试赵升最早见载于《太平广记》卷四《张道陵》，注明的出处是《神仙传》，其情节与冯梦龙《古今小说》（又名《喻世明言》）第十三卷《张道陵七试赵升》基本相同，后者描写更加详备。张道陵是道教正一天派第一代天师，一天他嘱咐弟子王长："正月初七有一人从东方来。"那天中午，果然有一个叫赵升的人从东方来。张道陵想收他为徒，但不知此

人道心是否坚固,于是开始对他进行考验。这个考验共分七步:

第一试:赵升到大门外,没有人给他开门,弟子们还恶言辱骂他,赵升每天白天吃一顿,晚上在阶前露宿,如此四十天,张道陵才命人开门召他入内。

第二试:赵升奉命去看守庄稼驱赶野兽。晚上,绝色美女假称迷路,要在这儿借宿。第二天,女子又称脚痛不能走,赵升于是留她住宿几天。女子多次勾引赵升,他始终不为所动。

第三试:张道陵吩咐赵升到山里去砍伐柴木,砍倒的一株枯松下有一窖金子,空中有人说:"天赐赵升。"赵升不为所动,用山土重新将金子掩盖了起来。

第四试:赵升砍完柴后靠着石头休息,有三只老虎一起上前咬赵升的衣服,但不伤害他的身体。赵升脸不变色,对老虎说:"我是道士,年纪轻轻不做坏事,不远千里来拜师寻求长生的法门。如果前世欠你们宿债,今生应该被你们吃了。如果不是,赶紧走吧,别在这儿骚扰我了。"老虎听完他说的话就离开了。

第五试：赵升在集市上买了十匹绢，付钱给摊主之后，摊主却诬陷他说并未付钱，赵升于是脱下自己的貂裘和锦袄补做绢价，没有一点吝惜的神色，也不说他人的过错。

第六试：赵升和同辈们一起在田间收稻谷，看见路旁有一个人在叩头乞讨食物。这人衣服破旧，脸上脏兮兮的，身上长满脓疮，又臭又脏令人憎厌。同辈们都掩鼻呵斥那人离去，唯独赵升不忍，脱下自己的衣服给他穿，省下自己的口粮煮饭给他吃。十天后这人病好得差不多了，竟不辞而别，赵升也不以为意，并不求回报。

第七试：初夏的一天，张道陵率领所有弟子，登上天柱峰绝顶。他们从峰头上往下看到石壁上有一株结满果实的桃树，树傍倚着石壁，树下即是深渊。张道陵对各位弟子说："有能得到这棵桃树果实的，我会把道法传授于他。"除了张道陵、王长和赵升，还有二百三十四个徒弟，他们大腿抖索，额冒冷汗，不敢长久地向下看，即使往下看一眼，没有一个不退却回来的。只有赵升一人说："师父让我们这样做，一定有他的道理,终究不会让我死在山谷中的。"于是向下跳到树上,他摘下桃子,又把桃子一颗接一颗往上投,张道陵自己吃一颗,给了王长一颗,留一颗给赵升,剩下的桃子正好是二百三十四颗,分别赐给各位弟子每人一颗。张道陵用手来拉赵升,手臂忽然加长了二三丈,够到了赵升,让他回到了绝壁上。于是,张道陵把先前留下的桃子给赵升吃下,笑着说:"赵升心正,他就能够跳在树上,没有失足。我现在也想自己试试,跳到树上,应当拿到最大的桃子。"众人都劝阻张道陵,只有赵升和王长不作声。张道陵于是跳下去,没有落在桃树上,却掉下了深渊,一下子失去了踪影。人们看到,上面是青天,下面就是不见底的深渊,往来没有道路,弟子们大都悲切地哭泣,只有王长和赵升二人默不作声。过了很长时间,赵升对王长说道:"师父就是父亲啊,师父投身深不可测的绝崖,我们怎么能安心呢? 还不如跳下去看看他的下落。"于是一起投身到崖下,却正好落在张道陵面前,只见张道陵正坐在磐石上。张道陵对赵升、王长二人笑着说:"我知道你们会来。"于是,张道陵给二人传授大道,三日后回到旧居,其他弟子都惊叹不已。后来，张道陵和王长、赵升三人都在鹤鸣山白日升天而去。众弟子抬头看他们渐渐远去，很久才消失在云霄。

◎ 钟离权十试吕洞宾

吴元泰《东游记》中描写了钟离权度脱吕洞宾的故事，由唐传奇《枕中记》改编而来，很有名也很有趣。吕洞宾从小饱读诗书，满腹经纶，但由于"仙文不入俗人眼"，屡试不第。他64岁再赴京应试，在长安酒肆遇到仙人钟离权。吕洞宾题诗一首以展露志向："生在儒家遇太平，悬缨垂带布衣轻。谁能世上争功名，臣事玉皇归太清。"钟离权见诗不胜惊喜，遂同住酒肆。钟离权执炊煮黄粱，吕洞宾昏昏然沉入梦乡。在梦中，吕洞宾状元及第，官职累迁，两娶富家美女，十年官至丞相，权势显赫，荣耀无比。忽然他被指责有罪，家产被抄没，妻孥流放岭表，一人踽踽独行，风雪交加，流泪长叹。他猛然醒来，钟离权的黄粱饭尚未煮熟。吕洞宾感悟人生，功名富贵只不过是一场美梦，于是拜钟离权为师，寻求修道成仙。钟离权认为吕洞宾虽有道骨，但不知吕洞宾道心是否坚固,先后十次对他进行考验。第一试,吕洞宾回到家里,忽见家人都病死。他毫不忧伤,买来棺材准备埋葬;忽然死人又活了过来,他仍无所谓。第二试,他去卖东西,与买主讲好价钱买主又反悔,他也一笑置之,并不争吵。第三试,新年之日,吕洞宾施舍乞丐后,乞丐一再索要,还出口伤人,他不但不恼,反而笑着赔罪。第四试,吕洞宾山上牧羊,老虎扑羊,他用自己的身体挡住老虎,老虎也不伤害他,转身跑开。第五试,吕洞宾独自读书,一位艳丽女子前来戏弄不休,他始终坐怀不乱,不起一丝邪念。第六试,吕洞宾家里东西被偷,一无所有。锄地时挖出几十锭金银,他又用土埋上,不取分文。第七试,一天他买回一些铜器,回家后发现全是金器,他立即退还卖主。第八试,有人卖药,说此药吃下立即就死,下一辈子可以成仙。别人不敢买,吕洞宾买了吃下,却没有死去。第九试,吕洞宾与人乘船渡河,河水泛滥,风浪大作,人人皆怕,只有他毫无惧色。最后一试,吕洞宾独坐,忽然一群狰狞鬼怪要打他杀他,一个恶鬼对他说:"你前世杀了我,今世要偿我命。"吕洞宾说:"杀人偿命,理所当然。"于是,拿刀准备自杀。突然,空中有人大喝一声,鬼怪消失了,钟离权出现在他面前,抚掌大笑。他对吕洞宾的表现十分满意,说:"吾今授你黄白之术,济世利物,使三千功满,八百圆行,再来度你。"经过一番修炼,吕洞宾最终成为道行高超的神仙,非但法力无边,还具有十足的人情味。宋代以后,吕洞宾是一位知名度很高很受欢迎的神仙。

◎ 道士苦行修炼

道士想要成仙,还必须历经苦行考验,只有能吃苦、有毅力的道士才有机会成仙。

小说《西游记》中第二回写到孙悟空到灵台方寸山跟菩提祖师学道,刚开始的时候学习言语礼貌、讲经论道、习字焚香,闲时还要扫地锄园、养花修树、劈柴烧火、挑水运浆,可谓十分辛苦。好在孙悟空能够吃苦,如此坚持了六七年,最终学到了法术。可惜他得道之后开始膨胀,四处炫耀,最终被师父逐出师门。

《聊斋志异》中有一篇关于崂山道士的故事,是说一个年轻慕道的人叫王生,是个没落的贵族子弟。他到崂山去求仙,碰到了一个仙人,便求仙人教他法术。仙人告诉他学法术要吃苦,像王生这种娇嫩懒惰的人是吃不了苦的,王生向其保证可以吃苦,于是仙人就带王生到山上学道。王生在山上整天劈柴,手脚都磨出了厚厚的茧子,最终忍受不了这种苦楚,就打算告别仙人回家。临别前乞求仙人授予其一些小法术,仙人念其可怜,便教授给他一招穿墙术。但是,王生回家后在妻子跟前卖弄道术,法术不灵验了,自己的额头在墙上撞出一个大疙瘩,王生不思其缘由,反而骂师父的不是,真是无可救药。

唐传奇集《广异记》中有张李二公的故事。唐朝开元年间,有张、李二公,志同道合,一起在泰山学道。过了好久,李公因为是皇族,想凭此当大官,不再吃苦修炼,就告辞要回去。张公说:"人各有志,当官是你的志向,还有什么惭愧的呢!"天宝末年,李公做官做到大理丞。赶上安禄山之乱,他携带着家眷,从武关出来,回到襄阳居住。不久,奉命出差来到扬州,在路上见到张公。张公的衣服破旧,又摆出一副失

意的样子,李公有可怜他的想法,请他和自己同宿。张公说:
"我的主人很有谋生的办法。"于是,邀请李公和他一块去。
到了之后,见门庭宏大壮观,仆从的穿戴光彩夺目,样子很像
富贵之人。李公非常惊讶地说:"怎么能这样呢?"张公警告
他不要说话,不然将被人家笑话,然后,准备了极丰盛的饭食
款待他。吃完饭,张公又让五位女杂伎乐工,全都拿出乐器
奏乐。其中有一个拿着筝的,特别像李公的妻子,李公看得
非常真切。喝酒的过程中,他多次凝目看她。张公问他为什
么这样。李公指着抱筝的女人说:"这个人像我的妻子,哪能
不眷恋!"张公笑道:"天下相似的人有的是。"要解散的时候,
张公喊来那抱筝的女人,把一枚花红果系在她的裙带上,作
罢,让她回去。张公对李公说:"你要有多少钱才能满足呢?"
李公说:"能得到三百千,就能把我自己的事情办好。"张公有
一顶旧席帽。他对李公说:"你可以拿着这顶帽子到药铺去,
对王老家人说:'张三让我拿这顶帽子来取三百千钱。'他们
就能给你。"于是各自散去。第二天,李公又到了张公邀他去
的那家门前。亭馆很荒芜,门窗久闭,甚至再没有人的行踪。

他就到旁边的人家去打听张三。邻人说:"这是刘道玄的住宅,十多年没人住了。"李公惊叹了好久。于是,他又拿着帽子到王家去要钱。王老让人把帽子送到家里去问问家人,查看一下是不是张老的帽子。王老的女儿说:"以前我在帽子上缝的绿线还在上面。"李公问张三是什么人,王老说:"这是五十年前常来买卖茯苓的老主顾,现在还有两千多贯钱存在药铺里。"李公领到钱回去,重新去找张公,始终没有再见到他。不久,李公回到襄阳,试探着在妻子的裙带上寻找,果然找到了一枚花红果。他问妻子这是怎么回事,妻子说:"昨晚梦见五六个人追我,说是一位姓张的神仙叫我去鼓筝。临别的时候,他把一枚花红果系在我的裙带上。"李公这才知道张公已经成仙了。在这个故事里李公没有经受住苦行考验,放弃了求仙的道路。而张公坚持到最后,最终如愿成仙。

升仙一刻飞天去

　　凡人成仙都有一个过程,它既是凡人到仙人的过渡,也是新仙人入列的仪式。通过这个仪式，凡人能够脱离原来的身份，成为真正的仙人。凡人的修炼、服药、立功、接受考验等都是这个过程的一部分，其巅峰阶段则是升仙的场面。下面主要介绍三个传说中的升仙过程，从中可以管窥升仙的一般情况。

◎ 三茅真君

三茅是汉代修炼成仙的茅盈、茅固、茅衷三兄弟，他们是道教茅山派的祖师。葛洪《神仙传·茅君传》有关于三茅升仙的故事，其中以茅盈（大茅君）为主。

茅盈，字叔申，咸阳人。他的高祖父茅濛，字初成，曾在华山修炼道术，炼制丹药。丹药炼成后，茅濛服下一剂，顷刻间一条红龙从天而降，来接他上天。到秦朝，秦始皇广招方术之士，求仙问道茅盈即是其中之一。然而，秦始皇最终未得仙道，倒是茅盈成了仙人。茅盈18岁即来到恒山修炼道术，前后学了二十年。道术既成，他下山回家，此时他的父母尚健在。从二十年前茅盈进山修道至今，他们未得到过儿子一点音讯,久而久之,老人以为孩子已经死了。今日见儿子忽然回家,还口口声声说是炼制仙丹去了,老父的气便不打一处来,不但数落茅盈,还操起棍棒想打他。谁知棍棒还未打到茅盈身上,就早已断成几截,向四外飞散。老父见此情景,惊得半天说不出话来。父亲半信半疑地问他:"你说你得道成仙了,那么你能让死人复活吗?"茅盈回答说:"能。"当时,邻家有人已经死去多日,众人挖开坟墓,茅盈当即让他复活过来,三天后说话跟平常人一样。此时众人都相信茅盈是真仙人了。

茅盈有两个弟弟,一个叫茅固,另一个叫茅衷,兄弟二人都曾做过汉朝的高官。当兄弟二人即将入朝做官时,家乡百姓大摆筵宴,争相送行,场面颇为壮观。唯有茅盈表情十分平静,他对在座的人说:"我虽然不做人间的高官,但是我能做仙官,三月十八日那天,我便要升天为官,不知到那时各位是否会像今天这样为我送行呢?"众人纷纷说:"如果您升天为仙,我们一定齐来相送。"茅盈说:"到时各位前来,千万别带礼物,我自有礼物犒劳诸位。"到了三月十八这一天,茅盈家门前数百亩土地,像是有人特意清理过一样,又干净又平坦,寸草皆无,送行的客人纷至沓来。茅盈见来客渐齐,便对客人们深施一礼:"今日是我升天为仙的日子,感谢诸位亲朋邻里特来相送。我为众位准备了些水酒便饭,不成敬意,还望诸位笑纳。"他的话音刚落,宾客们面前就出现了一桌桌丰盛的酒宴,桌子上摆满了金盘玉盏,美酒佳肴以及许多叫不上名字的珍稀果品,人们不禁面面相觑,因为谁也未见有人摆这些东西上桌。接着,数百仙官迎接茅盈升天,文官皆身穿红色绸衣,腰系紫色缎带;武官则身披亮闪闪的铠甲,手执明晃晃的兵器。茅盈与父母、亲友依依惜别,随后迈步登上专为他准备的插满羽毛的车。迎接茅盈的阵势颇为壮观,不但有文武百官列成的队伍,单说茅盈这辆羽车周围的布置,就远远超出了皇帝出行的规模。人们目送仙人渐渐远去,久久不愿散去。

茅盈后来在句曲山中修道。说起这句曲山,可谓颇有名气。它又名己山、地肺山,在今江苏省句容县。由于茅盈和他的两个弟弟都曾在此山修道,所以,人们又称其为茅山。

山下的人知道山中住着神仙,便建起一座庙宇,供奉茅盈的仙位。茅盈每次来庙中,都有悠扬的音乐相伴左右。

话说自从茅盈的两个兄弟去朝中做官,他们便再无联系。后来,茅固、茅衷年事渐高,辞官回家。回到家中,得知茅盈已去句曲山修道,便一同过江寻兄。茅盈见两个弟弟面貌苍老,身体羸弱,便拿出四扇散,让二人服用。服过药后,两兄弟顿觉身体强壮许多,容貌一下子年轻了几十岁,与年轻人无异。于是,兄弟二人决定留在句曲山中,与兄长一同修道。最终,二人都得道成了仙。太上老君得知此消息后,当即派五帝使者,拿着天帝的印鉴,前往句曲山,为茅氏三兄弟封官授爵。拜茅盈为太元真人、东岳上卿和司命真君,主管吴越一带百姓的生死;拜茅固为定录真君;拜茅衷为保命真君。兄弟三人均被天帝列为上等真君,故人们又称他们为三茅真君。

◎ 杜子春白日升仙

杜子春是唐传奇《玄怪录》中的人物,在传奇小说中,杜子春没有经受住神仙考验,因而没能成仙。但到了明代,冯梦龙在《醒世恒言》中有《杜子春三入长安》一篇,其中的杜子春经受住了各种考验,最后跟夫人韦氏一同白日升仙。

杜子春是隋代长安人,家住城南,娶妻韦氏,杜家世代在扬州做盐商营运,因此定居扬州。倚仗祖上的资业,到杜子春这一代,已有万贯家财、良田千顷。杜子春生性豪爽、放荡不羁,是个典型的纨绔子弟。他建豪宅、开宴会、召宾客、买歌女舞女,整天游手好闲、挥金如土。夫人韦氏只晓得吃好穿好玩好,家里的事情一律不过问。如此过了几年,积蓄就被挥霍得所剩无几。刚开始还有亲朋好友接济,直到大家都认清了杜子春的败家子面目,再也不愿同他有任何瓜葛。眼看家里都揭不开锅了,万般无奈之下,杜子春只得到长安祖居那里去投奔亲戚,此为"一入长安"。满怀希望的杜子春来到长安投亲,孰料亲戚们都知道他的本性,没有一个愿意接济他。正值寒冬腊月,天寒地冻,杜子春流落街头,又冷又饿,不禁唉声叹气。有一老者从旁边经过,询问杜子春遭遇,杜子春如实告诉老者。老者答应给他三万两银子,帮他渡过难关。次日，老者果真给了杜子春三万两白银。杜子春也不多想，领了银子便急急忙忙赶回扬州家中，继续过花天酒地的生活。不及两年，三万两银就被挥霍得一干二净，无奈之下，杜子春只能再次来到长安寻出路，此为"二入长安"。第二次到长安，杜子春遇到了跟第一次同样的情况，亲戚们满是奚落、唾弃，他流落在大街上，恰好又遇到那位老者，这一次老者给了他十万两银子，并告诫他注意节俭生活。杜子春满口答应，收下银子回到扬州家中。但不出三年，十万两银子消耗一空，一文不剩。杜子春只能再次前往长安，此为"三入长安"。在长安杜子春又遇到了那位老者，这一次老者给了杜子春三十万两银子，并同他约定三年之后在华山云台峰相见。杜子春回到家中，一改往日挥霍无度的毛病，谢绝一切狐朋狗友上门，将之前典卖的家当逐一赎回，并建造义庄、接济穷苦人家，不论孤寡老弱，都给予帮助。有言道"浪子回头金不换"，他活脱脱变成了一个大慈善家。

三年之后，杜子春如约来到华山云台峰，在一座祠庙中见到了老者。老者领杜子春来到大堂，大堂中间是一个药灶。老者告诉他："安神定气，坐到天明。凡是见到的景象都是假的，不管怎样凶险苦毒，都必须忍着，万万不可开口说话。"杜子春答应老者，刚刚坐定，便见一个将军带着几千人马前来，质问杜子春是谁，杜子春不回答，将军就命令手下用箭射他、用刀斧砍他，杜子春谨记老者吩咐，忍着不说话。将军无奈离开。接着又来了野兽厉鬼，围着杜子春做出伤害他的样子，杜子春仍然不说话。等野兽厉鬼退去后，那位将军又一次前来，并带来了杜子春的夫人韦氏，威胁杜子春如果不说话将处死韦氏，随后命手下对韦氏进行棒打、鞭笞，甚至千刀万剐。杜子春仍然忍住不说话，将军下令将杜子春杀掉。杜子春脖子被砍一刀，尸首分离，死后来到了阎罗殿。阎王下令杜子春投胎到宋州县丞王劝家做女儿。此女从小受尽苦难，多灾多病，长大后嫁给同乡一个叫卢珪的人，二人十分恩爱，两年后她生下一个女儿。一天卢珪责怪她不说话是轻蔑自己，发怒将女儿狠狠摔死在地上。她爱女心切，不禁"噫"地叫了一声。谁知这一声"噫"刚出口，药灶里迸出一道火光，险些将大堂烧掉。老者赶忙提着杜子春的头发将他浸入水中,那火才慢慢熄灭。这时老者对杜子春说:"人有七情,分别是'喜怒哀惧爱恶欲',你六情已尽,唯有爱情未除。如果再忍一会,我的仙丹就练成了,你也已经成仙了。如今到了这个地步,我的仙丹还可以继续修炼,而你的凡胎什么时候能解脱呢? 世界如此之大,要找一个仙才太难了!"杜子春懊悔无比,伏地谢罪,再三求老者收留。老者告诉他如果心诚,在家也可修炼。杜子春领命,拜别下山。回到家中,杜子春把世间万事全都抛之脑后,天天焚香打坐、凝神沉思。

　　这样又过了三年,杜子春决定再次前往华山,寻找老者。杜子春从扬州徒步到华山,走得两只脚都起了厚厚的茧子。在华山云台峰,杜子春终于又见到了老者,这一次老者向他表明了自己的身份,原来老者就是太上老君。老君见杜子春心诚,七情都已放下,就决定度脱他成仙,并授予杜子春三颗仙丹,嘱咐他留一颗给夫人韦氏,同他一起成仙。话说杜子春离开家之后,韦氏也开始一心修道,她将家里的财产都施舍出去,在道观中潜心修行。杜子春回到家中,将仙丹给韦氏吃下。然后夫妻二人前往长安,通知长安的所有亲朋好友以及城内有名望的人：二人明天将把城南祖居建成太上老君神庙，并用黄金十万两铸造六丈老君像，供奉在大殿上。到了第二天，众人来到城南，此时门楼已经改造过了，上面写着"太上行宫"。进了门楼，里面殿宇长廊，全都金碧辉煌、耀眼夺目，宛如天宫一样。殿上就是黄金铸造的老君像，高达六丈。人们惊叹之际，突然看到金像顶上透出一道神光，化做三朵云彩，中间坐着太上老君，左边是杜子春，右边是韦氏。他们从殿上出来，升到天空中，杜子春向众人挥手作别，并告诫大家不要贪恋钱财，要行善事、精心修道。随后，三位神仙冉冉升天而去，众人无不合掌顶礼。

◎ 冷于冰受封靖魔大使

　　冷于冰是清代李百药创作的长篇章回小说《绿野仙踪》中的主人公。冷于冰天资颖慧，秉性正直，因不肯趋炎附势，毅然决定弃职离乡，求仙学道。

　　在求仙过程中，冷于冰先是游历了六年，历经挫折，却没遇着半个神仙。于是他来到西湖，在西湖碰到一个叫花子

（火龙真人），冷于冰将食物分给了他，对他毕恭毕敬，还听从叫花子的话将极其恶心的大蛤蟆吃到嘴中。冷于冰的挚诚打动了火龙真人，通过了种种考验。火龙真人赐予冷于冰易骨丹，并教授他法术除妖孽，为天下苍生立功造福。

　　后来，他在衡山玉屋洞得到紫阳真人、火龙真人留下的《宝箓天章》，从此在洞中修炼神书，断绝烟火，只吃一些植物类仙药。修炼十年后虽没炼成摘星换日、入石穿金的法术，但呼风唤雨、召将拘神、移身替代、五行遁法都很精通了。紫阳真人、火龙真人又驾临玉屋洞，嘱咐他周游天下，广积阴德，度脱四方有缘之人同归仙界。最终，冷于冰得到雪山天狐指点，在鄱阳湖斩杀鲲鱼精鄱阳圣母后，得到天书《天罡总枢》，从此妙悟天机，法术通天，加之火龙真人又赐雪镂宝剑，此剑"岛洞列仙、八部正神，有背义邪行者，可飞斩于百里之外"。冷于冰在修炼期间，帮助朝廷平定师尚诏叛乱，从严嵩府中讨回山西赈灾白银二十六万两，为朝廷培植忠贞之臣，还参与了东南沿海抗击倭寇的斗争。小说第九十回，仙吏送来的法帖上写着："冷于冰自修道以来，积善果大小十一万二千余件。"天仙丹籍,久已注名。惜内功不足,飞升尚需年日。最终他炼成金丹,充实内功,白日飞升,被上帝封为"靖魔大使兼修文院玉楼副使"。

可以看出,凡人成仙不仅要有优于常人的先天条件,还要经过一定的考验,通过艰苦的后天努力,才能最终获得成功,完成由人到仙的转变。完成转换之后,他们的生活也一定会发生变化,变得与凡人不同。

第四篇　仙人世界

仙境是美好的,可是传说中的仙境在哪里? 仙人到底是怎样生活的? 这些问题都很有意思,令人期待,但也不是一句话能说得清楚的。本篇将分节讨论这些问题。

逍遥仙境

仙人的形象与凡人不同,仙人的生活方式也与凡间迥异。他们住在四季如春的仙境,过着快乐逍遥的生活,并顺便料理一下人间的事务,对有所祈求的人做一些回应。这种生活既飘逸、潇洒,又超然、权威,让凡人艳羡而敬仰。

仙境最早见于《山海经》、《穆天子传》、《博物志》、《神仙传》、《十洲记》、《拾遗记》、《汉武帝内传》等书,《史记》、《汉书》等也偶有涉及,道教的《云笈七签》对仙境有较为详细的描述。道教仙境有三十六天、三十六地、神山、洞天福地、十洲三岛、五岳四渎、二十四治、三十六靖庐等。在仙境里,泉水似酒,涧水似蜜,遍地黄金美玉,漫山仙草灵药。神仙们生活在这里,乘云驾雾,采天地之灵气,集日月之精华,吸宇宙之甘露。漠然虚静,淡泊无为,无牵无挂,无拘无束,自由自在,快乐逍遥。

仙境不仅是神仙之乐园,也是修道之人和世俗之人共同向往和追求的理想境地。

◎ 三十六天与三十六地

道教认为天界有三十六天,由三宝君(即三清)所治。北宋张君房编《云笈七签》第二十一卷描述"三十六天",自下而上分别是:

欲界六天:太皇黄曾天、大明玉完天、清明何童天、玄胎平育天、元明文举天、七曜摩夷天。

色界十八天:虚无越衡天、太极濛翳天、赤明和阳天、玄明恭华天、曜明宗飘天、竺落皇笳天、虚明堂曜天、观明端靖天、玄明恭庆天、太焕极瑶天、元载孔升天、太安皇崖天、显定极风天、始黄孝芒天、太黄翁重天、无思江由天、上揲阮乐天、无极昙誓天。

无色界四天：皓庭霄度天、渊通元洞天、翰宠妙成天、秀乐禁上天。

欲界、色界和无色界合称为"三界"，共计二十八天。

种民四天（又名四梵天、圣弟子天）：无上常融天、玉隆腾胜天、龙变梵度天、平育贾弈天。

三清天：太清大赤天、上清禹余天、玉清清微天。

最高一层为大罗天，与三清天合称为"圣境四天"。

《云笈七签》对三十六天的解释为：欲界人有凡间的形体，有欲望，是通过阴阳交合而胎生的。色界的人也有凡间的形体，但没有欲望，阴阳不交，是化育而成的。无色界的人没有凡间的形体，没有欲望，似仍有形，只是自己看不见，只有真人才能看见。这三界的人可以随意享用无穷无尽的衣食，自由飞行，逍遥欢乐，能长寿，但不能不死。属第一天内的人寿命达到九万岁，每升一天增长九万岁，这样无色界的秀乐禁上天的人寿命可达二百五十二万岁。但从道行深浅来看，他们尚属道行低浅的神仙。依《云笈七签》第三卷的说法，四梵天上的人才能长生不死，成为真正道行高深的神仙。

三清山分别为太清道德天尊、上清灵宝天尊、玉清元始天尊所居。大罗天为最高最广之天。《元始经》载："大罗之境，无复真宰，惟大梵之气，包罗诸天……颂曰：三界之上，渺渺大罗，上无色根，云层峨峨。"《云笈七签》卷二十一称："玉京山冠于八方诸大罗天，列世比地之枢上中央矣。山有七宝城，城中有七宝宫，宫中有七宝玄台。其山自然生七宝之树，一株乃弥覆一天，八树弥覆八方，大罗天矣。即太上无极虚皇大道君之所治也。

与三十六天相对应的是三十六地。道教认为阴气滞积成地，地有九重，称为九垒。每重各四土皇，合三十六皇，上应三十六天。《道教义枢·混元义》解释"地"："地者，持也。性持群品，载养为用，能生百卉。"

九垒具体如下：第一垒色润地，离天九十九亿万里；第二垒刚色地，离第一地八十一亿万里；第三垒石脂色泽地，离第二地一百二十亿万里；第四垒润泽地，离第三地二十亿万里；第五垒金粟泽地，离第四地二十亿万里；第六垒金刚铁泽地，离第五地二十亿万里；第七垒水制泽地，离第六地二十亿万里;第八垒大风泽地,离第七地八十亿万里;以上八地,并去地载,周竟四垂,不极不穷,无边无际,无色无气。第九垒洞渊无色刚维地。九垒之地极下洞渊纲维天地制使不落,离第一垒五百二十亿万里。九地九重,每重皆有正、行、游、梵四音,每音中有一土皇统辖,计三十六土皇。

《道教义枢·混元义》解释三十六皇与三十六天的关系:"三十六皇,上应三十六天。如是土皇,皆位齐玉皇之号,但分气各治上下之别名也。"

◎ 盛产不死药之地

神山仙境最著名的是西方昆仑神山与东海三神山,都是传说中神仙聚集、不死药出产之地。

昆仑山上有玉井槛,有瑞兽守门,禾苗犹如树木,高度达到五寻①,景象与人间迥异。昆仑山是西王母所居之地,墉城、瑶池都在这里,但山下弱水环绕,弱水连羽毛都浮不起来,人是无

——————

① 寻,古代长度单位,八尺为一寻。

法过去的，只有飞仙才能来到这里。《山海经·海内西经》载："海内昆仑之虚，在西北，地下之都。昆仑之虚方八百里，高万仞，上有木禾……百神之所在。"《山海经·大荒西经》载："西海之南，流沙之滨，赤水之后，黑水之前，有大山，名曰昆仑之丘……此山万物尽有。"《尔雅·释地篇》说："西北之美者，有昆仑虚之琳琅玗焉。"这些都表明昆仑山为神山，其上盛产各种宝玉。而昆仑山上最重要的物产是"不死之药"，《淮南子·地形训》载：

> 掘昆仑虚以下，地中有增城九重，其高万一千里百一十四步二尺六寸。上有木禾，其修五寻。珠树、玉树、琁树、不死树在其西，沙棠、琅玗在其东，绛树在其南，碧树、瑶树在其北。旁有四百四十门，门间四里，里间九纯 ①，纯丈五尺。旁有九井，玉横维其西北之隅。北门开以内（纳）不周之风。倾宫、旋室、县圃、凉风、樊桐，在昆仑阊阖之中，是其疏

① 纯，古代长度单位，一丈五尺为一纯。

圃。疏圃之池,浸之黄水。黄水三周复其原,是谓丹
水,饮之不死……凡四水者,帝之神泉,以和百药,以
润万物。昆仑之丘,或上倍之,是谓凉风之山,登之
而不死;或上倍之,是谓悬圃,登之乃灵,能使风雨;
或上倍之,乃维上天,登之乃神,是谓太帝之居。

这里讲到了山上有不死树、不死水以及凉风山。登上凉
风山就可以不死;凉风山上有悬圃山,攀上悬圃山就可以通
灵,获得呼风唤雨的神通;悬圃山再上去,就是太帝居住的天
阙,进入了天阙,就能成为神了。从这种描述可以看出,昆仑
山具有天梯的性质。

东海三神山也同样是凡人不能到达的"禁城",唯有仙人
可以自由往来。《史记·封禅书》描绘三神山的情况:

此三神山者,其传在渤海中,去人不远;患且
至,则船风引而去。盖尝有至者,诸仙人及不死之
药皆在焉。其物禽兽尽白,而黄金银为宫阙。未
至,望之如云;及到,三神山反居水下。临之,风辄

引去,终莫能至云。世主莫不甘心焉。

　　神山之上有众多的神仙,神仙掌管着不死药,只是这些地方可望而不可即,秦始皇、汉武帝都想得到这里的不死药,但都以失败告终。《史记·秦始皇本纪》中记载秦始皇派遣方士徐市(后也写做福)寻找不死药的传说。"齐人徐市等上书,言海中有三神山,名曰蓬莱、方丈、瀛洲,仙人居之。请得斋戒,与童男女求之。于是遣徐市发童男女数千人,入海求仙人。"不死之药没有找到,徐市也一去不回。《括地志》写道:"东海的亶洲,共有数万人家,就是徐市率童男童女入海寻找仙药停留不返的地方。"

　　◎ 八方巨海飞仙地

　　道教称在距离陆地极遥远的大海之中有十洲和三岛,都是人迹罕至、飞仙常到之地,那里长满了仙草灵芝,仙民居住其间,无忧无虑,其乐融融。这些说法流行于汉魏时期,见载于托名东方朔著的《十洲记》(又名《海内十洲三岛记》)一书。十洲是:祖洲、瀛洲、玄洲、炎洲、长洲、元洲、流洲、生洲、凤麟洲、聚窟洲,皆在八方巨海之中。

祖洲:在东海之中,方圆五百里,距离西岸七万里。洲上生长的仙草,形状像蘑菇,苗长三四尺。如果人死后用这种草覆盖,就会复活,吃了这种草可以长生不老。秦始皇听说后曾派方士徐市入海寻找。

瀛洲:在东大海中,方圆四千里,距离会稽郡(今浙江绍兴一带)大概七十万里。上面生长有芝草,还有高达千丈的玉石和令人长生的醴泉。许多仙人在此生活。

玄洲:在北海之中,方圆七千二百里,南岸距离中土大概三十六万里。上面不但有丰富的金石(长生之药)和紫芝(仙草),而且有许多仙官和宫殿。

炎洲:在南海之中,方圆二千里,距离北岸九万里。有神仙居住。

长洲:又叫青丘,在南海辰巳(中南部)之地,方圆五千里,距离陆地二十万里。洲上不仅有山川河流,而且有很多大树,最大的树合抱达二千围。另外,还有仙草灵药、甘液玉英,有神仙居住的紫府仙宫,天上仙女也常游于此。

元洲：在北海之中,方圆三千里,距离南岸十万里。洲上有五芝玄洞,洞水甜如蜜浆,喝了可以长生,与天地齐寿;服用五芝亦可以长生。也有神仙在此居住。

流洲：在西海之中,方圆三千里,距离东岸十九万里。洲上有许多山川,山上的积石名叫昆吾,用这种石炼成的铁铸剑,削铁如泥。

生洲：在东海丑寅(中部和东部)之地,方圆二千五百里,连接蓬莱仙岛七十万里,距离西岸二十万里。洲上居住着数以万计的神仙,神芝仙草长年生长,流水甘如奶酪。

凤麟洲：在西海之中,方圆一千五百里,洲的四周有弱水环绕,水上连鸿毛都不能飘浮,犹如天堑一样不可逾越。洲上有名叫凤麟的珍奇动物,还有神药百余种,亦多仙家。

聚窟洲：在西海之中申未(中西部)之地,方圆三千里,北接昆仑二十六万里,距离东岸二十四万里。洲上有许多神仙宫阙,还有人鸟山。山上有很多参天的大树,这种树的根,可制成药丸,闻之便可令人长生,若用来制成熏香,熏已经死去的人,可起死回生。

　　三岛之说起源于先秦传说中的蓬莱、方丈、瀛洲三神山，后来《云笈七签·十洲三岛》将其定为昆仑、方丈、蓬丘。

　　昆仑：在西海戌地，北海之亥地，方圆一万里，距离陆地十三万里。周围有弱水环绕，岛的东南连接积石圃，西北连接北户之室，东北面临大活之井，西南到达承渊之谷。这四面都是昆仑岛的延伸。积石圃的南面有昆仑宫，又名西王母宫，为道教尊神西王母所管治，亦为万圣真灵所宗仰的地方。因为这是天地的中枢，万物接受度脱的维纲，所以山上仙官云集，品物群生，天人济济。

　　方丈：在东海中心，方圆五千里，距离东南岸、西北岸各五千里。上面有金玉琉璃宫殿，为三天司所治理的地方，上面生长的仙芝灵草就像稻穗一样。想要登仙者，必须来此岛受太上玄生箓。上面还有九原丈人宫，主领天下水神及龙蛇巨鲸、阴精水兽之辈。居住在这里的仙人更有数十万之多。

　　蓬丘：即蓬莱山，正面面对东海东北岸，周回五千里。北到钟山北阿门外，为天帝神君总领九天之维，高贵无比。岛的四周有四座城池，中间为一座高山，其形犹如昆仑山。

从前大禹治水功成名就后，便到此山的北阿祭祀，归大功于天帝。

除了十洲、三岛之外，道教仙境还有五方六国之说。

五方，指东、南、西、北、上；六国，指五方所在之国和中国。据《云笈七签》卷二十二《天地部·总说天地五方》载：

> 东方弗于岱，九万里之外，极豪林之墟……地形正圆，土色如碧脂之鲜。无有山阜，广狭九十万里。其国人形长二丈……是得四百岁之寿，无有中天之命；南方阎浮利，三十万里之外，极洞阳之野……国地平博，无有高下，土色如丹，广狭八十一万里，其国人形长二丈四尺……寿三百六十岁；西方俱耶尼，七十万里之外……地形多高垄，与天西关相接，土色如白玉，广狭六十八万里，其国人形长一丈六尺……寿六百岁；北方郁单，五十万里之外，国极朔阳之庭……土色黑润，广狭五十八万里，其国人形长一丈二尺……寿三百岁；上方九天之上，清阳虚空之内，无色无象，无形无影……自然之国，

以青气为世界,上极无穷,四覆诸天,则高上玉皇万圣帝,真受生之根元,寿命无量。群仙居之,无量寿。

中国直下极大风泽,去地五百二十亿万里,纲维地源,制使不落土色,如金之精……中岳昆仑,即据其中央,中国周回四百二十亿万里,其国人形长九尺,皆学导引之术,修上清之道,行礼诵咏高,寿一千二百岁,无有横夭之年。

◎ 五岳四渎

道教认为大地名山之间有五岳四渎,为五岳大帝和四渎神君治理的地方。

五岳指东岳泰山,西岳华山,南岳衡山,北岳恒山,中岳嵩山。《五岳真形图》载:"乾坤之内,五岳者谓之神;五岳之中,岱岳(即东岳泰山的别称)为其祖。莫不应其造化,生于混沌之出,立自阴阳,镇乎乾坤之位。"

东岳泰山,位于山东泰安,地处中国东部,故称东岳。位列五岳之首,素有"五岳独尊"、"五岳之长"的美称。泰山自古就是帝王举行封禅大典和祭告天地的地方。作为海内名山,泰山也是神仙洞府之所在,很多仙人到此游历采药。道教认为泰山是"群山之祖,五岳之宗,天地之神,神灵之府",在三十六小洞天中称为"第二蓬玄洞天",是成兴公真人得道之处。

西岳华山,亦名太华山。在三十六小洞天中,华山称为"第四总仙洞天",相传尧、舜和周武王都曾巡狩华山。道教尊其神为金天顺圣帝,曾有众多神仙在山中修炼,如冯夷、青鸟公、毛女、赤斧、萧史、弄玉、茅濛等。在山中建观修炼的道士亦不在少数,如寇谦之、焦道广、金仙公主、钟离权、吕洞宾、陈抟、刘操、王处一、谭处端、郝大通、贺志珍等。

南岳衡山,因位在二十八宿轸星之翼,能"度应玑衡"、"金德钧物",故称衡山。衡山大小峰峦七十二座,主峰为祝融峰。此山自古即为道教名山,在三十六小洞天中位列第三,称为"朱陵洞天"。魏晋时,道教女仙魏华存曾于此山修炼,著《黄庭经》。现存道观主要有南岳大庙、黄庭观、玄都观、祝融殿等。

北岳恒山，位于山西与河北两省之间，山体绵延数百里，主峰在山西浑源南，分东西两峰，东为天峰岭，西为翠屏山，两峰对峙，浑水中流而过。在三十六小洞天中位列第五，称"总玄洞天"。相传道教茅山派祖师大茅君茅盈曾在此修炼。八仙之一的张果老也在此修炼过。现存道教宫观有朝真殿、会仙桥、九天宫等。

中岳嵩山，由太室山和少室山构成，古称嵩高，东周始定为中岳。山有七十二峰，其中峻极峰为最高峰，古有"嵩高峻极"、"峻极于天"的说法。在三十六小洞天中位列第六，称"司马洞天"。尊其神为中天崇圣帝、中岳大帝。道教兴起甚早，著名的道士有王子晋、鲍靓、潘师正、李筌等，道教宫观中岳庙，为全国道教重点宫观之一。

四渎指长江、黄河、淮河、济水。《尔雅·释水》载："江、河、淮、济为四渎。"它们是中国古代的大河，其中有水仙洞府。

长江之神，封号是"江渎广源王"。黄河神通常称做河伯,后来的封号是"河渎灵源王"。淮河,古称淮水,上古神话传说中的淮水之神为无支祁,后来的封号是"长源广济王"。济水,发源于河南济源王屋山,其故道本过黄河而南,东流至山东,与黄河一齐入海。后来,下游为黄河所并,只有发源处一段还在。济水之神,在秦时就被列入国家祀典,后来的封号是"清源汉济王"(一说"济渎清源王")。

◎ 洞天福地

中国古代道士相信,地仙居住在名山之中,凡名山大川皆有神仙洞室。于是,他们提出"洞天福地说",并建构出道教十大洞天、三十六小洞天、七十二福地,分布在华夏神州之内,遍布东西南北各地,南至交趾(今越南北部),北至辽河,东至海滨,西至甘肃的河西地区。洞天和福地都是神仙居住的地方。

所谓"洞天",就是山中有洞室,上通天庭,并与其他名山贯通。所谓"福地",指神仙居住之地。"洞天福地说"从《山海经》对昆仑山的描述已见源头,《太平经》、《抱朴子内篇》起到很大推动作用。陶弘景《真诰》中曾提到"十大洞天"、"地中洞天三十六所"等,说明洞天的观念已经形成。盛唐的司马承祯《天地宫府图》系统地提出了十大洞天、三十六小洞天、七十二福地的说法。晚唐五代的杜光庭《洞天福地岳渎名山记》对司马承祯的洞天福地有所修改,他认为洞天福地处在人间,不仅有仙人居处,上天还派遣仙官来治理。这些洞天福地如下:

十大洞天:

第一,王屋山洞,号曰"小有清虚洞天",位于今天的山西垣曲和河南济源之间的王屋山上,周回万里,为西城王真君所管治。

第二,委羽山洞,号曰"大有空明洞天",位于今天的浙江黄岩的委羽山上,周回万里,为青童真君管治。

第三,西城山洞,号曰"太元总真洞天",所在不详(一说在今天的重庆市,二说在今天的陕西终南山,三说在今天的四川省,四说在今天的青海西倾山),为上宰王真君管治。

第四,西玄山洞,号曰"三元极真洞天",所在不详(杜光庭说在金州,也有说在今天的陕西安康,还有说在西岳华山)。

　　第五,青城山洞,号曰"宝仙九室洞天",在今天的四川青城山上,为青城丈人管治。相传张陵在此后山(今四川大邑鹤鸣山)结庐,创五斗米道,其子张衡、孙张鲁亦嗣法于此。

　　第六,赤城山洞,号曰"上清玉平洞天",位于今天的浙江天台的赤城山上,为玄洲仙伯管治。

　　第七,罗浮山洞,号曰"朱明耀真洞天",位于今天的广东的增城与罗浮之间的罗浮山上,为青精先生管治。东晋道士葛洪曾在此炼丹、著书立说。

　　第八,句曲山洞,号曰"金坛华阳洞天",位于江苏的句容与金坛之间的茅山上,为紫阳真人管治。相传茅盈、茅固、茅衷三兄弟在此修道成仙,号三茅真君,后人即将山易名茅山。

　　第九,林屋山洞,号曰"尤神幽虚洞天",位于今天的江苏西洞庭山上,为北岳真人管治。

　　第十,括苍山洞,号曰"成德隐玄洞天",位于今天的浙江的仙居和临海之间的括苍山上,北海公涓子管治(一说真人唐览治之）。

三十六小洞天：

第一，霍桐山洞，名曰"霍林洞天"，位于今天的福建宁德，为仙人王纬玄管治。

第二，东岳泰山洞，名曰"蓬玄洞天"，位于今天的山东泰安，为仙人山图公子管治。

第三，南岳衡山洞，名曰"朱陵洞天"，位于今天的湖南衡山，为仙人石长生管治。

第四，西岳华山洞，名曰"总仙洞天"，位于今天的陕西华阴，为真人惠车子管治。

第五，北岳常山洞，名曰"总玄洞天"，位于今天的河北曲阳，为真人郑子真管治。

第六，中岳嵩山洞，名曰"司马洞天"，位于今天的河南登封，为仙人邓云山管治。

第七，峨嵋山洞，名曰"虚陵洞天"，位于今天的四川峨眉山，为真人唐览管治。

第八，庐山洞，名曰"洞灵真天"，位于今天的江西九江，为真人周正时管治。

第九,四明山洞,名曰"丹山赤水天",位于今天的浙江上虞,为真人刁道林管治。

第十,会稽山洞,名曰"极玄大元天",位于今天的浙江绍兴,为仙人郭华管治。

第十一,太白山洞,名曰"玄德洞天",位于今天的陕西眉山的太白山上,杜光庭命名为方白山,为仙人张季连管治。

第十二,西山洞,名曰"天柱宝极玄天",位于今天的江西新建,为真人唐公成管治。

第十三,小沩山洞,名曰"好生玄上天",位于今天的湖南醴陵,杜光庭命其名为大围山,为仙人花丘林管治。

第十四,潜山洞,名曰"天柱司玄天",位于今天的安徽潜山(杜光庭称位于今天的安徽省桐城县),为仙人稷丘子管治。

第十五,鬼谷山洞,名曰"贵玄司真天",位于今天的江西贵溪,为真人崔文子管治。

第十六,武夷山洞,名曰"真升化玄天",位于今天的福建武夷山，为真人刘少公管治。

第十七，玉笥山洞，名曰"太玄法乐天"，位于今天的江西永新，为真人梁伯鸾管治。

第十八，华盖山洞，名曰"容成大玉天"，位于今天的浙江永嘉，为仙人羊公修管治。

第十九，盖竹山洞，名曰"长耀宝光天"，位于今天的浙江黄岩，为仙人商丘子管治。

第二十，都峤山洞，名曰"宝玄洞天"，位于今天的广西壮族自治区容城，为仙人刘根管治。

第二十一，白石山洞，名曰"秀乐长真天"，位于今天的广西境内，一说位于今天的安徽含山。杜光庭说在容州北源，为白真人管治。

第二十二，句漏山洞，名曰"玉阙宝圭天"，位于今天的广西北流，为仙人钱真人管治。

第二十三，九嶷山洞，名曰"朝真太虚天"，位于今天的湖南宁远，杜光庭命其名为"湘真太虚洞天"，为仙人严真青管治。

第二十四，洞阳山洞，名曰"洞阳隐观天"，位于今天的湖南浏阳，为刘真人管治。

第二十五，幕阜山洞，名曰"玄真太元天"，位于今天的江西修水，杜光庭认为位于唐年县，为陈真人管治。

第二十六，大酉山洞，名曰"大酉华妙天"，位于今天的湖南沅陵，为尹真人管治。

第二十七，金庭山洞，名曰"金庭崇妙天"，位于今天的浙江嵊县，为赵仙伯管治。

第二十八，麻姑山洞，名曰"丹霞天"，位于今天的江西南城，为王真人管治。

第二十九，仙都山洞，名曰"仙都祈仙天"，位于今天的浙江缙云，为赵真人管治。

第三十，青田山洞，名曰"青田大鹤天"，位于今天的浙江青田，为傅真人管治。

第三十一，钟山洞，名曰"朱日太生天"，位于今天的江苏南京，为龚真人管治。

第三十二，良常山洞，名曰"良常放命洞天"，位于今天的江苏句容,为李真人管治。

第三十三,紫盖山洞,名曰"紫玄洞照天",位于今天的湖北当阳,杜光庭将其列为第三十六洞天,位于韶州曲江县,为公羽真人管治。

第三十四,天目山洞,名曰"天盖涤玄天",位于今天的浙江余杭西南,为姜真人管治。

第三十五,桃源山洞,名曰"白马玄光天",位于今天的湖南桃源,为谢真人管治。

第三十六,金华山洞,名曰"金华洞元天",位于今天的浙江金华的北山,为戴真人管治。

七十二福地:

第一,地肺山(即茅山),位于今天的江苏省西南部,为真人谢允管治。

第二,盖竹山,位于今天的浙江临海南部,为真人施存管治。

第三,仙磕山,位于今天的浙江永嘉,为真人张重华管治。

第四,东仙源,位于今天的浙江黄岩,为地仙刘奉林管治。

第五,西仙源,位于今天的浙江黄岩,为地仙张兆期管治。

第六,南田山,位于今天的浙江青田,为刘真人管治。

第七,玉溜山,在东海近蓬莱岛上,今址不详,为地仙许迈管治。

第八,清屿山,在东海之西,与扶桑相接,今址不详,为真人刘子光管治。

第九,郁木洞,位于今天的江西峡江的玉笥山,为地仙鲁班管治。

第十,丹霞洞,位于今天的江西南城麻姑山,为蔡真人管治。

第十一,君山,位于今天的湖南岳阳洞庭湖中,为地仙侯生管治。

第十二,大若岩,位于今天的浙江永嘉,为地仙李方回管治。

第十三,焦源,位于今天的福建建阳,为尹真人归隐处。

第十四,灵墟,位于今天的浙江天台,为白云先生归隐处。

第十五,沃州,位于今天的浙江嵊县,为真人方明管治。

第十六,天姥岭,位于今天的浙江嵊县,为真人魏显仁管治。

第十七,若耶溪,位于今天的浙江绍兴,为真人山世远管治。

第十八,金庭山,位于今天的安徽巢湖,为马仙人管治。

第十九,清远山,位于今天的广东清远,为阴真人管治。

第二十,安山,在交州北,安期先生归隐处,今址不详,为安期先生管治。

第二十一,马岭山,位于今天的湖南郴州,为真人力牧管治。

第二十二,鹅羊山,位于今天的湖南长沙,为娄驾先生归隐处。

第二十三,洞真墟,位于今天的湖南长沙,为西岳真人韩终管治。

　　第二十四,青玉坛,位于今天的湖南衡山,为青乌公管治。

　　第二十五,光天坛,位于今天的湖南衡山西,为凤真人管治。

　　第二十六,洞灵源,位于今天的湖南衡山,为邓先生归隐处。

　　第二十七,洞宫山,位于今天的福建政和,为黄山公管治。

　　第二十八,陶山,位于今天的浙江瑞安,今名仙岩山,为陶先生隐居处。

　　第二十九,皇井,位于今天的浙江平阳,为真人鲍察管治。

　　第三十,烂柯山,位于今天的浙江衢州,为王质先生归隐处。

　　第三十一,勒溪,位于今天的福建建阳,为孔子遗砚之所。

第三十二,龙虎山,位于今天的江西贵溪,为仙人张巨君管治,正一道总坛所在。

第三十三,灵山,位于今天的江西上饶,为墨真人管治。

第三十四,泉源,位于今天的广东罗浮山上,为仙人华子期管治。

第三十五,金精山,位于今天的江西宁都,为仇季子管治。

第三十六,阁皂山,位于今天的江西清江,为郭真人管治。

第三十七,始丰山,位于今天的江西丰城,为尹真人管治。

第三十八,逍遥山,位于今天的江西南昌,为徐真人管治。

第三十九,东白源,位于今天的江西奉新,为刘仙人管治。

第四十,钵池山,在楚州,今址不详,王乔得道处。

第四十一,论山,位于今天的江苏镇江,为终真人管治。

第四十二,毛公坛,位于今天的江苏吴县,为庄仙人修道之所。

第四十三,鸡笼山,位于今天的安徽和县,为郭真人管治。

第四十四,桐柏山,位于今天的河南桐柏,为李仙君管治。

第四十五,平都山,位于今天的重庆丰都,为阴真君飞升之处。

第四十六,绿萝山,位于今天的湖南桃源。

第四十七,虎溪山,位于今天的江西彭泽,为五柳先生陶渊明归隐处。

第四十八,彰龙山,位于今天的湖南澧县,为藏先生管治。

第四十九,抱福山,位于今天的广东连州,为范真人管治。一作抱犊山,在今天的山西省长治市。

第五十,大面山,位于今天的四川石源,为仙人柏成子管治。

第五十一,元晨山,位于今天的江西都昌,为孙真人和安期生管治。

第五十二,马蹄山,位于今天的江西鄱阳,为真人子州管治。

第五十三,德山,湖南常德,为仙人张巨君管治。

第五十四,高溪蓝水山,位于今天的陕西蓝田,为太上老君所游处。

第五十五,蓝水,位于今天的陕西蓝田,为地仙张兆期管治。

第五十六,玉峰,位于今天的陕西西安,为仙人柏户管治。

第五十七,天柱山,位于今天的浙江临安,为地仙王伯元管治。

第五十八,商谷山,位于今天的陕西商县,为四皓仙人归隐处。

第五十九,张公洞,位于今天的江苏宜兴,为真人康桑管治。

　　第六十,司马梅山,位于今天的浙江天台,为李明仙人管治。

　　第六十一,长在山,位于今天的山东邹平,为毛真人管治。

　　第六十二,中条山,位于今天的山西永济东部,为赵仙人管治。

　　第六十三,荚湖鱼澄洞,位于今天的云南姚安,为始皇先生归隐处。

　　第六十四,绵竹山,位于今天的四川绵竹,为琼华夫人管治。

　　第六十五,泸水,在西梁州,今址不详,为仙人安公管治。

　　第六十六,甘山,今址不详,为宁真人管治。

　　第六十七,瑰山(又名瑰山),位于今天的四川广汉,为赤须先生管治。

　　第六十八,金城山,今址不详,为石真人管治。

　　第六十九,云山,位于今天的湖南武冈,为仙人卢生管治。

第七十，北邙山，位于今天的河南洛阳西北，为魏真人管治。

第七十一，卢山，位于今天的福建连江，为谢真人管治。

第七十二，东海山，位于今天的江苏连云港，为王真人管治。

不管是天上、人间、地下、水中，多处都有仙境。仙境如此之多，都是仙人们隐逸修炼和生活的地方。那么，仙人们的生活又是什么样子呢？

天宫异物般般有

仙人一般居住在美妙的仙境，他们的生活与凡人迥异，但并非完全不同。他们也有如凡人的衣食住行，也会组建家庭，也有职责和"工作"，也像凡人那样娱乐休闲，只是没有人间的生老病苦，没有死亡。也正是因为这样，仙人的故事历来为人们所津津乐道，游仙诗描写仙人、仙境以抒发人们的向往之情，小说戏曲试图通过细致的描写还原仙人的生活场面。

　　仙人们在仙境中,吃、穿、住、行皆无烦恼。从食物来说,他们不食人间烟火,不吃凡人嗜好的酒肉荤腥、五谷杂粮。仙人自有"天厨",饮食都是佳肴珍馐,精美无比;所用餐具也都是金玉制成,华美异常。小说中还经常描写仙人来到人间,不用人间饮食,而是自设天厨,让凡夫俗子大开眼界。《汉武帝内传》载:"王母设膳,膳精非常,丰珍之肴,芳华百果,紫芝萎蕤,纷若填樏,清香之酒,非地上所有,香气殊绝,(汉武)帝不能名也。"连汉武帝这样的人间帝王,也从来没有见过西王母所设天厨中的食物、果品、美酒,说不出它们的名目。《神仙传·王远》中也有仙人设天厨的描写:"方平语(蔡)经家人曰:'吾欲赐汝辈酒,此酒乃出天厨,其味醇醴,非俗人所宜饮,饮之或能烂肠。今当以水和之,汝辈勿怪也。'乃以一升酒,合水一斗,搅之,以赐(蔡)经家人。人饮一升须,皆醉。"仙人所饮之酒,甘醇浓醴,凡人直接饮用会烂肠肚穿,所以一升酒要兑上十倍的水,凡人才能畅饮。当然,王母娘娘的瑶池蟠桃会,是天庭最盛大的"仙筵",最能体现仙家饮食之美。小说《西游记》对此有精彩描写，只可惜王母娘娘的这次瑶池盛会被孙悟空给搅乱了。

　　仙人的衣饰也都精美华贵。人间有绫罗绸缎穿在身上已经是富贵之相了，而仙人穿戴的尽是锦绣衣裳、金玉首饰，头戴夜明之珠，耳挂明月之珰。《汉武帝内传》中描绘西王母的衣着模样："王母上殿东向坐，着黄裌襦，文采鲜明，光仪淑穆，带灵飞大绶，腰佩分景之剑，头上太华髻，戴太真辰婴之冠，履玄凤文之舄。"《神仙传》中描写麻姑的样貌和衣着道："（麻姑）是好女子，年十八九许，于顶中作髻，余发垂至腰。其衣有文章，而非锦绮，光彩耀目，不可名状。"

　　《仙传拾遗》中说东王公的衣冠是，"冠三维之冠，服九色云霞之服"。在小说描写中，仙人的衣服被说成是没有边缝的，这是仙衣与人间衣服的最大不同。唐传奇《灵怪集·郭翰》写天上织女下凡到人间，与郭翰夜间相会："（织女）又为翰致天厨，悉非世物。徐视其衣，并无缝。翰问之，谓翰曰：'天衣本非针线为也。'"原来，天上的衣服都不是用针线做出来的。那么，这些衣服又是用什么做的呢？这篇小说没有给出一个交代,其他小说和道教经文也没有给出相应的答案。

仙人们的住所也是金碧辉煌、美轮美奂。小说《西游记》第四回写孙悟空在太白金星引导下第一次来到天上,他十分好奇地观望天上景象。小说是这样描绘的:

> 金光万道滚红霓,瑞气千条喷紫雾。只见那南天门,碧沉沉,琉璃造就;明幌幌,宝玉妆成。两边摆数十员镇天元帅,一员员顶梁靠柱,持铣拥旄;四下列十数个金甲神人,一个个执戟悬鞭,持刀仗剑。外厢犹可,入内惊人:里壁厢有几根大柱,柱上缠绕着金鳞耀日赤须龙;又有几座长桥,桥上盘旋着彩羽凌空丹顶凤。明霞幌幌映天光,碧雾蒙蒙遮斗口。这天上有三十三座天宫,乃遣云宫、毗沙宫、五明宫、太阳宫、化乐宫……一宫宫脊吞金稳兽;又有七十二重宝殿,乃朝会殿、凌虚殿、宝光殿、天王殿、灵官殿……一殿殿柱列玉麒麟。寿星台上,有千千年不谢的名花;炼药炉边,有万万载常青的瑞草。又至那朝圣楼前,绛纱衣,星辰灿烂;芙蓉冠,金碧

辉煌。玉簪珠履，紫绶金章。金钟撞动，三曹神表
进丹墀；天鼓鸣时，万圣朝王参玉帝。又至那灵霄
宝殿，金钉攒玉户，彩凤舞朱门。复道回廊，处处玲
珑剔透；三檐四簇，层层龙凤翱翔。上面有个紫巍
巍，明幌幌，圆丢丢，亮灼灼，大金葫芦顶；下面有天
妃悬掌扇，玉女捧仙巾。恶狠狠，掌朝的天将，气昂
昂，护驾的仙卿。正中间，琉璃盘内，放许多重重迭
迭太乙丹；玛瑙瓶中，插几枝弯弯曲曲珊瑚树。正
是天宫异物般般有，世上如他件件无。

　　仙人们的住所真可谓是气势磅礴、宏伟壮观！天上的仙
官在这里"生活"，到灵霄宝殿朝觐玉皇大帝，参与对三界之
内一切事务的管理。

　　飞行是仙人们的主要出行方式，前文已经提到仙人的几
种飞行方式，这里主要说说他们出行的场面。仙人结伴出行
是声势浩大的，金碧辉煌的马车，腾飞入云的仙鹤，列队随行
的仙女。瑞气祥光笼罩，神将天兵卫护，肃穆威严，场面好不
气派。宋武宗元作《朝元仙仗图》描绘了神仙的出行行列，画

的是五方帝君和众仙去朝见道教最高天神元始天尊的情景。由神将开道、压队,头上有圆光的帝君居中,其他男女神仙持幡旗、伞盖等簇拥帝君自右至左前行。画中有帝君、十一位男仙、八位神将、六十七位女仙,共计八十七位神仙。帝君及男仙的形象端庄,神将威猛,众多的女仙则轻盈秀丽,曼妙多姿。

闲与仙人扫落花

仙人们吃的是绛雪琼英,饮的是玉露甘汁,穿的是锦缎衣装,披霞带彩,每天的生活也是悠游闲适,雅聚宴饮,以娱乐为主。

试看《神异经·东荒经》中描写的那位西王母的配偶男仙东王公:

> 东荒山中有大石室。东王公居焉,长一丈,头发皓白,人形鸟面而虎尾。载一黑熊,左右顾望。恒与一玉女投壶。

东王公到后来也就演变成"天公",是玉皇大帝的前身。他此时居住仙境之中,喜欢跟玉女一道做投壶游戏。《仙传拾遗》也说:"(东王公)与一玉女,更投壶焉。每投,一投十二百枭。设有人不出者,天为嚆嘘;枭而脱误不接者,天为之嗤。"天公为众仙之首脑,尚且喜欢游戏,其他仙官可想而知。《神仙传》里记载的卫叔卿成仙后,乘着浮云,骑着白鹿,现身于汉武帝宫殿之上,汉武帝却没有认出他是仙人,悔恨不已。后来,他派卫叔卿的儿子卫度世与使者一起去华山寻找卫叔卿。华山是传说中仙人居住的地方,二人斋戒之后上山,却只能远远地望着卫叔卿,而卫叔卿正在跟其他几位仙人一起嬉戏:

> 望见其父与数人于石上嬉戏。度世即到,见父上有紫云覆荫郁郁,白玉为床,有数仙童执幢节立其后。

嬉戏当然是娱乐的一种方式,但这里没有具体说明卫叔卿是在投壶、下棋或者做别的什么游戏。

除了投壶嬉戏之外,弹琴、吟诗、聚会、谈玄、采药、炼丹,也都是仙人的日常生活形式。仙人还经常结伴出行游玩,如果他们与凡人相遇,几乎每次都要馈赠蓝田美玉、明珠翠环之类的宝物。有的娇艳女仙还喜欢到人间,与凡间的男子不仅恋爱,还馈赠珍宝,以显现仙界的富贵豪华。

西方把天国描绘成"无间歇的星期日",天国的人们幸福而且经常娱乐,但长此以往也难免感到无所事事,无聊难耐。不若中国天上仙境,仙人经常聚会宴饮,赛宝斗法,欣赏歌舞,和谐而且快乐。

人间对仙界的这种愉快、富贵的生活是十分向往的,诗人写了很多游仙诗来表达情感,或借此寄托对现实社会的批判。《楚辞》中已有抒写仙人轻举登霞的诗篇,如《远游》:

漠虚静以恬愉兮,澹无为而自得。

闻赤松之清尘兮,愿承风乎遗则。

贵真人之休德兮,羡往世之登仙。

与化去而不见兮,名声著而日延。

奇传说之托辰星兮,羡韩众之得一。

形穆穆以浸远兮,离人群而遁逸。

《远游》把仙境写成虚静、恬愉、无为、自得的世界,屈原神游仙境,表现了神仙的永恒、神仙世界的逍遥,已经初具游仙诗的雏形。

作为"竹林七贤"代表人物,嵇康是一位神仙信仰者。他的《养生论》主张神仙实有,神仙禀受异气而成,非积学所致,这个观点在道教神仙学说中有一定影响。嵇康虽然认为"神仙不可学",却认为养生可以使人长寿。他在游仙诗中描写的仙人,如赤松子、偓佺、涓子、务光、彭祖、安期生、刘根等人,都是一些精通养生术的榜样。他的《兄秀才公穆入军赠诗十九首》很有代表性:

乘风高游,远登灵丘。

托好松乔,携手俱游。

朝发太华,夕宿神州。

弹琴咏诗,聊以忘忧。(第十七首)

琴诗自乐,远游可珍。

含道独往,弃智遗身。

寂乎无累,何求于人?

长寄灵岳,怡志养神。(第十八首)

嵇康在游仙时还不忘学习仙人"弹琴咏诗"、"琴诗自乐",而且"弃智遗身"、"怡志养神",重视养生的思想仍可以得到体现。

唐代是一个诗歌时代,其间也产生了大量的游仙诗,而李白是其中最有成就的诗人。少年李白在蜀中生活,他"十五游神仙",成年后隐居山林,后来游历江南,又应召来到长安。李白在长安滞留三年,郁郁不得志,终遭排挤,被唐玄宗赠金放还。从此,他游遍东南山水,到处寻仙访道,写下很多游仙诗。他在《梦游天姥吟留别》中描绘梦中见到的天姥山神仙世界:"洞天石扇,訇然中开。青冥浩荡不见底,日月照耀金银台。霓为衣兮风为马,云之君兮纷纷而来下。虎鼓瑟兮鸾回车,仙之人兮列如麻。"顿然醒悟,仙人消失得无影无踪,这不禁让他惋惜和伤感。寻仙、游仙、修仙构成了李白精神生活的主要方面。

对于自己的游仙生活,李白曾经多次描写,他在《寄王屋山人孟大融》写道：

> 我昔东海上，劳山餐紫霞。
>
> 亲见安期公，食枣大如瓜。
>
> 中年谒汉主，不惬还归家。
>
> 朱颜谢春辉，白发见生涯。
>
> 所期就金液，飞步登云车。
>
> 愿随夫子天坛上，闲与仙人扫落花。

李白自称在崂山服食紫霞，东海上亲自看到仙人安期生，还见到安期生吃的枣子有人间的瓜那么大。他期盼自己早日服食金液，登上仙人乘坐的云车。他愿意随安期生来到天庭，与天上仙人游处，并乐意给他们打扫台阶上的落花。这时李白已经把神仙幻觉和真实经历混淆起来，难以分别了。这从一个侧面透视出他对神仙的迷恋，对跻身仙界的迫切期待。

历代诗人创作了大量的游仙诗，其中描绘了仙人"逍遥自由、娱乐休闲"的生活，借此抒发羡慕仙人、追求成仙的情感。

天上第一家庭

仙人也是人,也会像人一样组成家庭,有夫妻、子女、兄弟、姊妹等家庭成员,也有叔侄、舅甥、姑嫂、妯娌等亲属,也有家庭的纷扰事务。

仙界的家庭,在民间最著名的当然是玉皇大帝和王母娘娘组成的"天上第一家庭",他们是传说当中最显赫的仙人世家。在《西游记》中,玉皇大帝身穿九章华服,头戴十二行珠冠冕毓,手持玉笏,坐在灵霄宝殿上处理三界的大小事情。玉皇大帝是天界的最高统治者,像人间的皇帝一样,拥有巨大的权力。王母娘娘是天界第一夫人——玉皇大帝的皇后,她是由古代神话人物西王母转变而来,后来定型为中年端庄丽质妇女的形象。

根据古代文献和各地民间故事的说法,玉皇大帝与王母娘娘共有七个(一说是九个)女儿,一般来说家庭生活过得还算和睦。俗话说,"家家有本难念的经",玉帝和王母虽然是天上神仙的皇帝和皇后,但他们的几个女儿一个个都私自下凡并与凡人婚配,这种败坏天规的事让他们着实烦恼。

　　王母的七女儿,人称七仙女,对天庭日复一日的游戏娱乐感到厌倦,便偷偷来到凡间。她遇到了大孝子董永,便托土地主婚,老槐树为媒,与他结为夫妻。但玉帝、王母查出七仙女私自下凡,派遣天使下凡,传旨叫七仙女"午时三刻,返回天庭。倘若不然,定派天兵天将捉拿,并将董永碎尸万段"。七仙女怕董永惨遭毒手,只得在老槐树下与他惨痛分离。就这样,这对恩爱夫妻被拆散了。这个故事跟牛郎织女传说在情节上类似,在民间流传十分广泛。明代话本小说《董永遇仙传》和现代黄梅剧《天仙配》,都是演绎的这个故事。

　　王母的四女儿下凡的传说,也是为民众所熟悉的故事。《中国仙话》载:崔文瑞幼年丧父,长期和寡母相依为命,靠上山打柴谋生。他正派忠厚,方圆百里的人都夸他是个好后生。有一天,他挑起柴担下山时,遇到一个年轻美貌的女子,她说愿意嫁给崔文瑞为妻。崔文瑞把她领回家,由母亲做主让他们二人结为夫妻。这个美貌女子就是四仙女,她从天上带下来牡丹花种子,种的牡丹硕大、艳丽,拿到城里去卖,轰动了全城居民。有个号称"王半城"的富豪,打听到崔文瑞娶了个美貌女子为妻,还种出娇艳的牡丹花,便起了歹心,妄图霸占四仙女。崔文瑞断然拒绝,王半城就带着一百多号人前来抢人。四仙女假传天旨调来了黄巾力士、雷公电母,又是电击,又是火烧,杀得王半城百十号人屁滚尿流,灰溜溜地逃回城里。然而,这样一来,四仙女私自下凡的事也让王母娘娘知道了,尤其是她偷牡丹花种,私自调遣天兵的事,更惹王母娘娘生气。王母派人抓走了四仙女,拆散了崔文瑞的家,只留下一对没娘的儿女,由他们的奶奶养大成人。

在仙女下凡的传说中,王母娘娘总是扮演毫无情义的恶母角色,活生生地拆开一对又一对有情人。天仙到人间的婚配的传说,归根到底是人间婚姻观念的反映。人间社会难以容忍私奔,反复强调父母之命、媒妁之言,而传说中的人仙之恋也同样会遭受阻力,甚至阻力更大,因为仙人动了凡心,本身就是违规的。王母被说成天规、天条的维护者,也总是被描绘成一副恶母的面孔，其实是现实社会对私奔者惩处时的岳母形象的映射。

除了高高在上的"天上第一家庭"之外，仙界还有其他一些普通家庭。比如葛洪《神仙传》中有刘纲、樊夫人夫妇，二人都有道术，闲暇时两人常斗法。一次，他们坐在大堂上，刘纲作法火烧磨坊，大火从东面烧起，樊夫人一作法，火便立刻熄灭。又有一次，夫妻二人各对着庭院中的两棵桃树作法，使两棵树像人一样互相击打，但刘纲指挥的桃树战败了，从园里挪到了篱笆的外面。再一次，刘纲往盘中吐一口唾沫，就成了鲫鱼，樊夫人一吐就成了水獭，吃了鲫鱼。还有一次，夫妇二人到了四明山，路上遇到老虎挡路，刘纲作法，老虎顿时伏在地上，但还是冲着他吼叫；樊夫人来到老虎跟前，老虎便把脸贴在地上，不敢抬头仰视，夫人便用绳子把老虎绑上，牵回家拴在床边。最后一次较量是两人得道升天时，刘纲要爬到县衙旁一棵高达数丈的皂荚树上，才能升上天空，而樊夫人坐在床上就能够冉冉而升，有如云气托举，径直飞上天。两人斗法的故事很有雅趣，不管斗什么法，刘纲总是比樊夫人略逊一筹。

其他还有像萧史和弄玉、牛郎和织女等仙人家庭,这里就不一一列举了。

惩恶扬善,隐逸清修

仙人们在仙界的生活是快乐而和谐的,但并不是整天"不务正业"地吃喝玩乐,他们肩负着管理三界(天界、人间、阴间)的重大职责。

天界、人间、阴间都有正邪善恶,作为宇宙管理者的神仙各守其职,才能维护三界秩序。譬如雷公,他不仅负责打雷,还负责惩罚恶棍,以及惑乱人间的邪神恶鬼。郑土有、陈晓勤编的《中国仙话》有一则《雷打岩》的故事,其中讲道:在桃源羊角洞下三十里处的绝壁悬岩上有一个石洞,石洞中住着一群仙姑,她们常为百姓分忧解愁。当得知郑家幺姑要出嫁,连换洗粗布衣也没一件,仙姑们便连夜为幺姑缝制出几套新衣,派最小的仙女送去。仙女给幺姑送衣服时,恰巧被同院的赖二瞧见了。他见仙女长得楚楚动人,便起了歹心,跟踪仙女,发现了仙洞。赖二打定主意,要爬到石洞里去。他搓了一根棕绳,然后在悬崖顶上拴好,像猴子荡秋千似地顺着棕绳溜滑下去。眼看双脚已登上洞口,突然雷声大作。雷公警告他要及时回头,收敛邪念。哪知赖二看着到了仙女洞,不肯放弃,躬身就朝洞中窜去。雷公发怒了,霹雳一声响,从赖二站的地方,削去悬岩的半边,雷火将洞口封住。削下的石岩连同赖二,都滚下了万丈深涧。

仙人惩罚恶人除了派雷公轰击外,还派天兵天将前去征讨。《西游记》中的孙悟空,在被封为“齐天大圣”后,玉帝让他看管蟠桃园,他偷吃了许多蟠桃,又偷偷闯入王母娘娘的蟠桃会,偷饮仙酒,偷吃仙肴,还跑到太上老君的兜率宫偷吃仙丹,接着溜回下界。玉帝闻讯大怒,立即差遣四大天王,协同李天王并哪吒太子,点二十八宿、九曜星官、十二元辰、五方揭谛、四值功曹、东西星斗、南北二神、五岳四渎、普天星相,共十万天兵,布一十八架天罗地网,前往花果山剿除妖猴孙悟空。后来,二郎神出战,在太上老君协助下终于将孙悟空擒拿到天庭。天庭通过惩罚妖魔邪恶,维护三界的秩序。

仙人们不仅要惩罚恶人，而且还要对行善之人进行奖励。神仙也会赠人宝物以帮助善人更好地生活，这些宝物有时是价值连城的珍珠玛瑙，有时是药方神符，有时是一部治国宝典。《河南民间故事集》有一篇叫《风后岭》，讲述中原流传的一个传说：黄帝战胜蚩尤，为了使天下安稳，日夜劳累，最后累病了。这天，一个放羊老汉给他绿图和红皮书，并说这是西王母送给他的礼物。黄帝一看，原来绿图是《神芝图》，图上画着一棵草，草有九片叶子。他才明白，九片叶子，指的是要把天下分成九州。红皮书讲的就是治国的道理。这个放羊老汉是西王母派来的"华盖童子"，是给黄帝送宝的。此后，黄帝按照宝书的提示，带领百姓垦荒、种田、修房、盖屋，老百姓也慢慢过上了安生日子。

仙人是通过隐居修炼而成仙的，成仙后似乎仍在某种程度上保持着这种生活特色，仍喜欢清净，多待在名山洞府，即便在天上仙界也有隐逸修炼的习惯。可以说隐逸修炼是仙人的生活本色。

隐居在山林可以远离尘世间的烦恼，平心静气地修炼，

《庄子·逍遥游》描写了藐姑射山上仙人逍遥自得、不受纷扰的情境:"藐姑射之山,有神人居焉,肌肤若冰雪,绰约若处子,不食五谷,吸风饮露,乘云气,御飞龙,而游乎四海之外。"

葛洪《神仙传·王远传》、杜光庭《墉城集仙录》中都有关于麻姑的记述。麻姑传说中最为人称道的莫过于"麻姑献寿"。相传王母娘娘三月初三庆寿时,举办蟠桃盛会。麻姑特在绛珠河畔用灵芝酿酒,献给王母,这就是所谓的"麻姑献寿"。她修道的地方叫麻姑山,全称"麻姑山丹霞天",既是三十六小洞天中的"第二十八洞天",又是七十二福地中的"第十福地"。山上风景秀丽、万木葱茏、物产丰富,著名景观有半山亭、仙都观、碧涛庵、神功泉、龙门桥、丹霞洞等。

张三丰是南宋以后很有名的一位地仙,曾在海山神山、武当山、崂山、衡山等多处修炼。张三丰在崂山修炼,为这里带来了茶花。据明末黄宗昌编撰的《崂山志》记载:

> 永乐年间,张三丰者尝自青州云门来于崂山下居之。邑中初无耐冬花,三丰自海岛携出一本,植于庭前,虽隆冬严雪,叶色愈翠。正月即花,蓓艳可

爱,龄近二百年,柯干大小如初。

　　据说张三丰移植于太清宫三官殿前的一棵耐冬山茶,至今犹存。人们认为,山茶之所以能严冬开放,是因为它也有张三丰的内丹修炼功底,所以能在寒冬腊月"蕃艳可爱"。这株山茶在很大程度上象征着道教哲学所主张的"我命在我,不属天地"以及"道在养生"、"仙道贵生"的思想。

　　小说《西游记》中描写的太上老君,虽已是仙界领袖,却仍保持隐居炼丹、讲道清修的生活习惯,王母的蟠桃会没见他的名字,说明他对这样的热闹场合不感兴趣。他在兜率宫炼丹,偶尔到燃灯古佛的朱陵丹台上讲道,与其他仙友一起修炼。

　　从以上描述的仙人生活来看,仙人的生活相比凡人世界更加绚丽多彩、逍遥自由。当然,这也是历代王侯将相享尽人间富贵却又一心想要成仙的原因。仙界仙人的传说丰富多彩,为人们所津津乐道,这激发了凡人对成仙的向往。

第五篇　中国文化中的『仙气』

仙是中国文化的产物,其他国家没有仙,即便有也是从中国传播过去的,如越南、韩国等国家也曾流行过道教,民间文化中也有神仙、仙人、仙女之类。我们在译自印度的佛经中也能看到"仙"、"仙人"这样的字眼,但是,印度并没有中土意义上的神仙,这些"仙"、"仙人"是对梵文Rsi的意译,其实是借用"仙"字来作为婆罗门教和印度教指称吠陀颂诗的作者。后泛称一般的圣人,是世袭的,是处在神、人、阿修罗等以外的似神如人的人物,具有极大的法力神通。他们一般分为三类:出身于天神的称"天仙"(Devarsi),出身于婆罗门的称"梵仙"(Brahmarsi),出身于刹帝利的称"王仙"(Rājarsi)。有时又分为七类,除上述三类外,另有大仙(Maharsi)、至上仙(Paramarsi)、多闻仙(Śrutarsi)和"吠陀"某一卷的作者(Kārsdarsi)(参见任继愈主编《宗教词典》)。可以看出,他们跟中国文化中的仙人并不是一回事。由人修炼而成的长生不死的仙人,体现了古代中国人的人生追求和社会理想,是高度理想化的产物,两千多年来已经融入了中国宗教、民俗、文学、艺术等多个方面,构成了中国文化的重要特色。

多重身份的仙

"神仙"包括神和仙两种信仰对象,在不同的语境中会有所偏重,有时偏重于"神",强调神仙的超人间性;有时偏重于"仙",强调由人修炼而成。在道教和民间信仰中,其实都有神和仙两种信仰对象。就神而言,包括道教最高神三清(玉清元始天尊、上清灵宝天尊、太清道德天尊),也包括宋代以后崛起的关帝、真武大帝、碧霞元君、妈祖等;就仙而言,则包括那些通过修炼服药等途径获得长生不死的人,如广成子、容成子、黄帝、彭祖、王子乔、安期生、吕洞宾、张果老、张三丰等。当然,也有一些人物亦神亦仙,如老子在《列仙传》中被描述成仙人,但后来又被说成是太上老君,陶弘景的《真灵位业图》把他放在道教最高神之列,名号是太清道德天尊。这样的人物还有玉皇大帝、西王母、张道陵等多位。神是全世界各民族都有的,但仙是中国民众的特殊信仰对象。

中国本土产生的道教和民间信仰有时候是有机地结合

在一起的,二者水乳交融。道教中的神仙也是民间信仰的神灵,民间新兴的神灵也会很快被道教(乃至于佛教)收编。就以关公信仰为例,三国时期关羽兵败被杀,南北朝时期他开始在荆州地区以瘟神的面目出现。唐代关羽信仰仍处于起步阶段,仅限于荆州,显灵地点主要在玉泉山等地。到北宋,关羽信仰在解州(今山西运城)兴起,朝廷加封他为"忠惠公",几年后再封为武安王,信仰开始升级,并扩布到全国。道教接受了关公信仰,并顺应民间不断提升推尊的需要,称他为"关帝"、"关圣帝君"。

明朝于万历六年(1578年)加封关公为"协天护国忠义大帝",万历四十二年(1614年)进一步加封他为"三界伏魔大帝",彼时已成为民间信奉的最显赫的大神之一。清代关庙有一副有名的对联:

儒称圣,释称佛,道称天尊,三教尽皈依;

汉封侯,宋封王,明封大帝,历朝加尊号。

这副对联很好地描述了关公在宋代以后逐渐发迹的过

程，也可以看到官方、民间、道教、佛教、儒家都敬奉关公的社会现实。

吕洞宾是八仙之一，也是八仙中的核心人物，同时也是八仙中最为人们喜闻乐道的神仙，在道观和民间祠庙中香火非常旺盛。北宋时期，吕洞宾信仰开始流行，宣和元年（1119年）朝廷加封吕洞宾为"妙道真人"，表明官方认可了道教和民间对吕洞宾的信仰。到元代，吕洞宾信仰仍在升温，至大三年（1310年）二月，元朝加封吕洞宾为"纯阳演正警化孚佑帝君"。封为"帝君"意味着吕洞宾已经跻身于道教最高神仙行列。

吕洞宾又被认做全真道北五祖之一，号称"吕祖"。他的仙道故事在民间广为流传，宋代就有不少文人笔记对其加以记载。元代敷演吕洞宾仙话故事的小说较多，如苗善时编《纯阳帝君神化妙通纪》，叙述了吕洞宾的家世、黄粱梦悟道、隐化受道以及警世、济世、点化、戏弄等事。明代陆西星《宾翁自记》，邓志谟《吕仙飞剑记》，冯梦龙《醒世恒言·吕纯阳飞剑斩黄龙》，吴元泰《东游记》；清代汪象旭《吕祖全传》、《吕祖全传后卷》,无垢道人《八仙得道传》,无名氏的《吕纯阳三戏白牡丹》、《吕祖师度何仙姑宝卷》等,都有对吕洞宾的描写。在小说中,吕洞宾仙道故事主要有黄粱梦、钟离权十试吕洞宾、吕洞宾三戏白牡丹、飞剑斩黄龙、朗吟洞庭湖、瑶池献寿、大闹龙宫以及度脱仙友等情节。元明清戏剧对吕洞宾仙道故事也有较多演化。过去全国各地有很多吕祖庙,主祀的都是吕洞宾。各地的名胜古迹,如湖南岳阳楼、山东蓬莱阁、苏州玄妙观、山西永乐宫等,也都附会吕洞宾的传说,并让这些古迹成为传播吕洞宾信仰的堡垒。

道教神仙多种多样,民间信奉的神灵也丰富多彩,仙人是其中的重要而有特色的一部分。神仙信仰贯穿于民俗生活之中,只要我们留意,我们会在很多具体方面找到这种信仰的影响。

传统节日觅仙迹

节日是民族文化的重要组成部分。在节日文化活动中,经常有神仙信仰和传说,不仅用来解释节日的来历,也构成节日祭祀和崇拜的对象。

　　春节是中国最重要的传统节日,其中有很多神仙信仰活动。譬如,每逢过年都会大量燃放爆竹,这种习俗就跟神仙信仰有关。托名东方朔的《神异经》说:"山中有一种怪物叫山魈,长一尺有余,长着一只脚,当他侵犯人的时候,人就会发冷发热。山魈怕响声,点燃竹子发出噼啪的声音,山魈就被吓跑了。"南朝梁宗懔的《荆楚岁时记》载:"正月一日,是三元之日也,《春秋》谓之端月。鸡鸣而起,先于庭前爆竹,以避山魈恶鬼。"到后来,道士在炼丹时,发现硝石、硫黄、木炭等混合在一起加热会引起爆炸,于是,火药被发明出来。人们将火药装进竹筒里,这样,全新的爆竹就发明出来了。到宋代,出现了用纸卷的爆竹,并将单个爆竹编成长串,称做"编炮"。过年燃放爆竹是民间重要习俗活动。河北《武安县志》载:"俗谓'元旦'为大年初一。居民子时起(俗称起五更),焚香祭祖先、天地、百神,放爆竹,通宵达旦,市巷皆然。"燃放爆竹成了人们迎接诸神仪式的一部分,这看似娱神,实则娱人,具有丰富的文化内涵。

　　过年贴门画、春联,是从挂桃符演变而来的民俗习惯。中国古人认为桃木有辟邪作用,据《山海经》记载,沧海之中,度朔山上有大桃树,盘屈三千里。大桃树东北枝叫鬼门,是万鬼出入之门。大桃树上有神荼、郁垒两位神人,统领万鬼,若有害人之鬼,就用苇索把它捆起来喂虎。人们在门上挂桃木板,上面画神荼、郁垒与虎,防止恶鬼闯入家中。下一个新年,再用新桃木板换掉旧板,这就是所谓"新桃换旧符"。从五代开始,桃板上还要题写祈福的对联,这是今天用红纸书写的春联的原型。

　　新年期间忌讳颇多,传说玉皇大帝每年腊月二十五日降圣下界,亲自视察下界万民的善恶良莠,以便施行赏罚,所以道观在腊月二十五日半夜子时举行隆重道场,迎接玉皇大帝的法驾降临。正月初九这天道观又要举行仪式,送玉帝回鸾,返回天庭。

　　元宵节也与神仙信仰有着密切的关系。元宵节又叫上元节,是道教上元天官的生日。在道教神仙中,上元天官、中元地官、下元水官合称"三官"，也叫"三元大帝"。他们的具体分工是：上元天官专管赐福，中元地官专管赦罪，下元水官专管解厄。其中专管赐福的上元天官名声最响亮，被奉为"福星"。新年，民间经常张贴《天官赐福》年画，画上的天官身穿红袍，峨冠金带，手中持有"天官赐福"条幅，显得吉庆祥瑞，很受欢迎。

端午节也离不开神仙信仰。过端午门户上要悬挂菖蒲，菖蒲叶子形状像剑，而剑是道士手中的法器，用来斩妖杀鬼，所以，门上悬菖蒲也是用以辟除妖邪。端午节挂天师符、天师艾也可以辟邪。张天师擅长降妖捉鬼，是妖鬼的克星，道士把所画的符都叫做天师符，用艾叶做的人称做天师艾，人们拿回家悬在门户上，据说可以辟除百邪。此外，钟馗统领百鬼，是管治众鬼的鬼王，也是一位打鬼将。端午节室内挂上钟馗像，也可以驱除邪祟。

七夕节要向织女乞巧。乞巧习俗在《荆楚岁时记》这样记载："七月七日，为牵牛织女聚会之夜，是夕，人家妇女结采缕、穿七孔针。或以金银玉石为针，陈几筵酒脯瓜果于庭中以乞巧。有喜子网于瓜上,则以为符应。"织女是天仙,后世把她说成是王母娘娘的女儿,偷偷下凡与牛郎结为夫妻,遭到王母的反对,被分隔在天河东西两岸。七夕相传是牛郎、织女相会之日,在瓜棚豆架下可以听到二人相见时说话、哭诉的声音。

中秋拜月赏月在唐代已经成为习俗,但中秋节到北宋才形成。虽然它是众多民间节日中出现较晚的一个,但今天却是仅次于春节的第二大传统节日。月神崇拜和嫦娥奔月神话,是中秋节的重要话题。道教认为月亮上有广寒宫,嫦娥就住在那里,陪伴她的只有一只玉兔。不过,也有不同说法,《太平广记》卷二二引《罗公远》说:"(月宫)仙女数百,皆素练宽衣,舞于广庭。"广庭,即广寒宫。这里说月中有仙女数百,而不是一个嫦娥在月宫寂寞惆怅。拜月是古代妇女中秋节的主要活动。清代《燕京岁时记》说:"每届中秋……陈瓜果于庭以供月,并祀以毛豆、鸡冠花。"妇女对月祭拜,祈求福佑,有的妇女还供月亮神像祭祀。月亮神像又叫"月亮马"、"月光马"、"月光娘娘",道教称之为太阴星君。《燕京岁时记》说："月光马者，以纸为之，上绘太阴星君，如菩萨像，下绘月宫及捣药之玉兔，人立而执杵。"太阴星君有捣药的玉兔相伴，看来她恰好就是嫦娥。

重阳节是秋季的一个重要节日。它的起源跟道教信仰有着直接的关系。据南朝吴均《续齐谐志》记载：汝南有一个名叫桓景的人，跟随仙人费长房学道多年。一天，费长房对桓景说："今年九月九日，你家有灾殃。你应赶快回去，叫家人缝制绛囊，里面装盛茱萸，九月九日那天全家人系在臂上，登上高处饮菊花酒，灾殃可以消除。"桓景依言行事，到九月九日带领全家登山避灾。傍晚回到家里，发现家里的鸡犬牛羊全部暴死，家人却因为登山避灾而平安无事，毫发未损。此事一传出，别的人家每逢九月九日也登高避灾，重阳节登高、饮菊花酒、佩戴茱萸的习俗由此形成。

年底，特别是除夕，家人要回家吃团圆饭，各路神仙也都回来过年，形成神仙（包括仙官）大聚会的场面，所以祭祀活动特别隆重，也特别多。

人生仪礼仙相伴

每个人都会经历诞生、长大、结婚、庆寿直至衰老死亡的过程,届时都要举行一定的仪式活动,这就是人生仪礼。在这些仪式活动中,神仙扮演着重要的角色,寄托着人们美好的愿望。

先从祈子说起。一个人还未出生,就已经跟神仙产生联系。父母为了怀上孩子,会向神仙祈子。中国传统文化十分重视子嗣,所以民间送子神仙就特别多,如送子观音、碧霞元君、女娲娘娘、送子张仙等,他们的香火都很旺盛。观音大士本来是佛教的菩萨,是一位男性神,到中国之后很快就本土化,被改造成了女身,称做"千手千眼大慈大悲观世音菩萨"。成为女身之后,妇女祈拜更为方便,她们的祈子心愿也经常在观音面前倾诉,久之就出现了一位"送子观音"。道教对观音做了很大的改造,并称为慈航道人,《元始天尊说灵感观音妙经》中称她是"圆通自在天尊",在她面前"求福得福,求寿保寿,求嗣得男"。很多道观里都有娘娘殿,经常塑观音、王母、碧霞元君三位女神仙,她们都具有送子职能。

张仙是一位男性送子神仙,又称"送子张仙"。据陆深《金台纪闻》的说法,张仙的原型是五代时期后蜀君主孟昶。后蜀被北宋所灭,孟昶投降,后被赵匡胤害死。孟昶的爱妃花蕊夫人,天生丽质,花容月貌,被赵匡胤纳入后宫。花蕊夫人怀念故主,经常把孟昶的画像挂在房中。一天,赵匡胤来到花蕊夫人房中,看到孟昶的画像,问此人是谁。花蕊夫人说:"他是蜀地张神仙,祭祀他可以得子。"这个说法传到民间,张仙就成了送子神。他的画像总是手执弓箭或弹弓,据说是用来射走侵害小儿的天狗,所以民间也把他当做儿童保护神。民间祭祀张仙的方法,据民国本《海城县志》:"居民生子不育,率皆供奉张仙。其像张弓以射犬,群儿绕其下,谓能驱除天狗,则婴儿可保也。其神位概设于寝室门后,箭向外射。有子之妇,或朔望,或朝夕,焚香叩拜,年节则设香烛供品,与诸神并祀。"以前过年时贴张仙画像,两边还贴有对联:"打出天狗去,引进子孙来",或者"打出天狗去,保护膝下儿"，横批是"子孙绳绳"或"子孙万代"。

"拜干亲"也是一种十分流行的育子习俗。拜干亲的目的有多种，主要是为了让孩子好养活，能顺利长大成人。拜干亲包括拜干爹、拜干妈，所拜对象可以是人，也可以是神仙。拜神仙为干爹、干妈，是希望得到神仙保佑，让这个孩子顺利成长，不要得病，不要夭折。被拜为干爹的神仙，如关公、张仙、吕洞宾、城隍神等；被拜为干妈的神仙，如观音、碧霞元君、王母娘娘、妈祖等。有些地方有拜石干爸、石干妈之俗，如刘兆元《海州民俗志》载：凡是"娇苗"孩子，满月或周岁之日，由父母抱着，到巨石前烧香摆供品，拜巨石为干爸、干妈，求巨石保佑此儿平安无灾。此后，每逢年节，孩子都要来祭拜石干爸、石干妈，结婚的时候还要请它们喝喜酒。可以看出，巨石已被神仙化，这是拜神仙为干亲的一种变相表达。

婚姻习俗也离不开神仙。民间一般都拜月下老人为主管男女婚配的神仙，他是唐代小说《续玄怪录·定婚店》中的人物。一个名叫韦固的男子，多方求婚，皆不能成。一天，又

有人给他提亲,他天未明就赶到约定的地方等候。斜月之
下,他看到一位老人倚靠布囊坐在台阶上,对着月光查找书
册。韦固看书册上的文字自己一个都不认识,就问老人是什
么书册。老人说是"幽冥之书",他自称是掌管婚牍的冥官。
于是韦固问他:"自己这次议婚是否能成?"老人说:"不能成,
你的妻子才三岁,尚在摇篮中,十七岁才能嫁给你为妻。"韦
固问老人:"布囊中是什么?"老人回答:"赤绳子,以系夫妻之
足。此绳一系,天南海北,终成夫妻。"韦固从老人那里得知
自己未来的妻子就是店北卖菜陈婆的三岁女儿,就指使奴仆
刺杀此女。此后,韦固多次议婚都不成,十四年后相州刺史
王泰把十七岁的女儿嫁给他。婚后韦固见妻子眉间常贴一花
子,问是何故。妻子说:"自己是刺史的养女,三岁时遭狂贼刺
中眉心,刀痕尚在,所以用花子掩盖。"韦固此时才知道,自己
的妻子正是当年陈婆之女。得知真相后,韦固相信了月下老
人赤绳系足终成夫妻之说。所以,民间祠庙常有月下老人塑
像,想找对象的人焚香祭拜,祈求佳偶,往往能让人遂心所愿。

　　中国民间有给老人做寿的习俗,祝愿老人健康长寿。神

仙长生不老,人们做寿的时候总是请出神仙,祭拜神仙,希望老人像神仙一样不老。彭祖、麻姑、寿星、南极仙翁、西王母都是做寿场面上经常提到的神仙。

民间信奉众多女仙,其中麻姑是出现较早的一位。葛洪在《神仙传》中把麻姑描述成十八九岁的靓丽女子,但麻姑却说自己已经见过三次东海化为桑田,年纪之久长,由此可知。麻姑以寿命长久为特点,人们在庆寿的时候,也总是喜欢祭拜麻姑,祈求麻姑赐予长寿。于是,民间就有麻姑献寿的传说。明清时期,家人给老人做寿,经常张贴麻姑献寿的图画,麻姑挈篮献桃或奉酒的构图,寓意吉祥,很受欢迎。

麻姑所献的桃,不是人间的桃子,一般称做仙桃或蟠桃。考察蟠桃的来历,最早出自《汉武故事》西王母拿给汉武帝的"三千年一着子"的仙桃,后来,此桃与神话中的蟠木结合起来,于是东海之中出现了蟠桃树,其果即为蟠桃。蟠桃的神效,宋代话本《大唐三藏取经诗话》说"若人吃一颗,享年三千岁"。不过到了明代小说《西游记》中,王母娘娘的蟠桃种类更多,药效更奇。《西游记》描写王母娘娘的蟠桃园共有三千六百株桃树,分为三个品种,分别种在园内的前面、中间、后面。小说写道:"前面一千二百株,花微果小,三千年一熟,人吃了成仙了道,体健身轻。中间一千二百株,层花甘实,六千年一熟,人吃了霞举飞升,长生不老。后面一千二百株,紫纹绸核,九千年一熟,人吃了与天地齐寿,日月同庚。"三种蟠桃都有仙丹灵药之效,人吃了或成仙了道,或长生不老,或与天地齐寿,这种描写令人神往。人们在为老人祝寿时,也离不开蟠桃,不过不是真实的桃子,而是用面粉做的桃形馒头,也称做寿桃、仙桃或蟠桃,祝愿老人像神仙一样永远健康、长生不老。

以前,富贵之家为老人做寿还要唱祝寿戏,戏剧内容多是八仙献寿、麻姑献寿、瑶池蟠桃会之类。宋金杂剧院本《蟠桃会》、《瑶池会》,元代钟嗣成《宴瑶池王母蟠桃会》杂剧等,皆可作为祝寿剧目。庄一拂《古典戏曲存目汇考》称:"宋官本杂剧,即有《宴瑶池爨》。金元院本有《王母祝寿》一本,《蟠桃会》一本,《瑶池会》一本。元钟嗣成、明末朱有燉俱有《蟠桃会》,情节皆类似。"这些剧目在做寿时演唱,不仅表演群仙瑶池蟠桃会的场面,还让扮演群仙的优伶走下舞台,手捧"蟠桃"为老人祝寿,场面十分喜庆,一度成为当时流行的祝寿方式。如朱有燉的杂剧《群仙庆寿蟠桃会》,写蟠桃成熟后,西王母邀请东华帝君、南极仙翁、八仙,以及人间的香山九老、洛下耆英等举行蟠桃盛会,此时恰好是人间千岁的寿诞,西王母与群仙一道下凡祝寿。在这种戏曲模式中,西王母献桃祝寿是情节的高潮。在达官贵人庆祝寿诞之日演出这样的戏曲,更能烘托浓重的祝寿气氛。

不过,让西王母、八仙、麻姑等神仙向人间权贵屈尊跪拜,这种祝寿方式虽喜庆,却难免失之庸俗滑稽,一直有人反对。不过上至皇宫,下至乡间富翁,很多人都喜欢这种祝寿剧表演,所以,就长期流行于庆寿宴会上。一般人家请不起戏班子演戏,就请说书人表演八仙庆寿、麻姑献寿之类的书目。这种习俗一直到民国时期仍在流行。

"非遗"中的仙话

仙人,从宗教角度来说是信仰对象,从文学艺术角度来说又是审美对象,有关仙人的传说和信仰渗透到中国传统文化的各个方面,构成民族文化的独特内涵。近年,中国加强对非物质文化遗产的保护工作,很多仙人传说、戏曲和祭典被列入国家级非物质文化遗产名录,受到重点保护。

以庙会、祭典为名的非物质文化遗产项目,如列入国家级"非遗"项目的黄帝陵祭典、太昊伏羲祭典、女娲祭典、妈祖祭典、大禹祭典等以及民间信俗(包括关公信俗、汤和信俗、保生大帝信俗、陈靖姑信俗、西王母信俗)、泰山石敢当信仰习俗等,其中的黄帝、伏羲、女娲、妈祖、大禹、关公、汤和、保生大帝、陈靖姑、西王母、泰山石敢当等,都是作为祭祀和信仰对象出现的。当然,有些神仙信仰存在于民间文学、民歌、曲艺、民间工艺等国家级"非遗"项目中,有些列入了省级、地市级或县级"非遗"项目,暂未列入国家级保护名录。神仙信仰在传统文化中占有很大分量,所以当今的"非遗"保护总是涉及神仙文化。

以黄帝陵祭典为例,它的核心内容是对中华民族始祖的祭祀和信仰,这对凝聚海内外中华儿女起到了重要作用。古代神话描述的黄帝是一位文化英雄,他发明了衣冠、房屋、舟车、陶器、医药等,还创造了姓氏、婚姻、律法、商贸等文化制度,他的大臣和后妃还创造了文字、蚕桑、纺织等,所以,对黄帝的祭祀和信仰也是对中华文化渊源的追寻。但是,黄帝是一位被历史化的神话人物,也是一个仙化人物,关于黄帝铸鼎升仙的传说,两千多年来传承不衰,黄帝的形象也被打上了浓重的仙人色彩。有文字记载的黄帝祭典,可以追溯到战国早期,准确地说是从周威烈王四年(公元前 422 年),秦灵公在吴阳建立上畤时,专门祭祀黄帝。战国中后期到西汉,黄帝被仙化为乘龙升仙的典范,也是最著名的仙人之一,所以,汉武帝来到黄帝陵祭祀时,在陵墓旁边修建了"祈仙台"。他希望自己能像黄帝那样,得到成仙升天的机会。据《史记·孝武本纪》记载,汉武帝听到方士讲述黄帝升仙的故事后,曾感慨道:"嗟乎! 吾诚得如黄帝,吾视去妻子如脱鶏耳。"汉武帝没有能够升仙,但黄帝的仙话故事却广为流传,至今仍为人们所津津乐道。在今天的黄帝陵祭典上,这则仙话仍是人们经常提及的美丽故事,它增加了黄帝的仙性,巩固了黄帝信仰的文化根基。

　　女娲祭典同样带有神仙色彩。女娲是中国古代神话中的女始祖,抟土造人是她的第一项功绩,炼石补天是她的第二项功绩,除恶兽、治洪水、立四极、通婚姻、作笙簧也是女娲的重要功德。东汉许慎《说文解字》说:"女娲,古之神圣女,化万物者也。"相传女娲与伏羲为兄妹,大洪水毁灭人类之后,兄妹二人结为夫妻,繁衍人类。历史上女娲也被称做高禖,主管男女婚配与求子之事。明代小说《封神演义》把女娲写成富有灵性的女仙,因为殷纣王到庙中祭拜,看到女娲神像楚楚动人,顿起色欲之心,在墙壁上题写亵诗一首。女娲遭此大辱,盛怒之下,召来轩辕坟三妖,化做美女进宫迷惑纣王,断送了殷商的江山社稷。女娲在民间得到的信奉很多,如河南淮阳县太昊陵内有专祀女娲的显仁殿,每年二月二到三月三太昊陵庙会,来这里祈求子嗣的很多,求泥泥狗、挑经担(舞)、摸子孙窑等都是求子仪式的组成部分。河北涉县的娲皇宫,相传始建于北齐天保年间(公元550—559),距今已有千余年的历史。每年三月初一到三月十八日娲皇宫举行庙会,周边地区数以千计的人前来烧香祭拜,祈求保佑,妇女则向女娲祈请子嗣。三月十八是娲皇生日,庙里举行隆重的女娲祭典。甘肃秦安县的女娲庙,历史悠久,郦道元《水经注》就曾记载此庙,虽屡兴屡废,如今仍是祭祀女娲的重要地方。

这样的庙会、祭典都指向特定的神仙,而神仙身上体现出的是中华民族特有的宗教信仰和价值观念,其历史悠久,积淀的文化内涵也十分丰富。在当代社会生活发生巨变的形势下,多数这样的文化遗产已经处于濒危状态,需要我们认真地调查、研究和保护。

被列为"非遗"名录的文化遗产,有相当多属于文学艺术类,其中的仙人形象(包括工艺造像),既供人信奉,也作为艺术形象满足人们的审美娱乐需要。这些文化遗产,如黄初平(黄大仙)传说、鲁班传说、八仙传说、秃尾巴老李的传说、老子传说、庄子传说、盘瓠传说等,作为神仙是信仰对象,作为文学形象,则是审美对象。

鲁班传说有着悠久的历史。相传鲁班是春秋时期鲁国的一位能工巧匠,本名叫公输般,曾发明锯、斧、锛、墨斗、云梯、战船、木鸢、石碨等多种工具。战国时期就有鲁班传说开始流传,因为他善于建造各种神奇建筑,很多古建筑都附会到他名下,说是鲁班所建。唐代段成式的《酉阳杂俎》载:"今人每睹栋宇巧丽,必强谓鲁般(班)奇功也,至两都寺中,亦往往托为鲁般(班)所造。"这说明早在唐代,鲁班已经被说成是很多著名建筑的建造者。这种情况一直延续,后来出现的伟大建筑,如开封铁塔,北京卢沟桥、故宫,桂林花桥,湖北玉泉寺大佛、四川大足石刻,杭州西湖的"三潭印月"等,都能与鲁班联系起来。他被当做木匠的祖师爷,也是泥瓦匠的祖师爷,被称做鲁班爷。鲁班是一个能工巧匠,也是一位神仙化人物,道观里有鲁班殿,专祀鲁班。在河北赵州桥传说中,鲁班就成了仙师,而不是一般的巧匠。相传鲁班建好赵州桥,仙人张果老和柴王爷结伴而来。张果老骑着毛驴,毛驴背上驮的褡裢里装着太阳和月亮;柴王爷推着独轮车,上面装着五岳名山。二人来到赵州桥前问鲁班:"桥修得结实不结实?"鲁班说:"结实"。二人说:"如果我们压塌了桥,你怪不怪我们?"鲁班说:"如果我的桥连你们二位都经不起,只能怪我的桥不结实,怎会怪你们呢。"于是,张果老骑着毛驴不紧不慢,柴王爷推着小车吱吱呀呀,二位神仙往桥上走去。赵州桥虽然坚固,哪能经得起太阳月亮再加上五岳名山的重压? 桥被压得咯吱咯吱地响,眼看着就要塌下来。鲁班连忙跳下河,双手牢牢将桥拱托住,才保得石桥安然无恙。过桥之后,两位仙人连连夸赞桥修得结实。原来,张果老、柴王爷听说鲁班修好了石桥,他们知道刚修好的桥还不够牢固,特来替鲁班压桥。经过他们这么一压,鲁班从下面一托,石桥变得十分坚固,历经千年风雨仍屹立不倒。

河北民间小戏《小放牛》有一段唱词,说的就是这个传说:

王小(唱):"赵州的石桥什么人修? 玉石的栏杆什么人留? 什么人骑驴桥上走? 什么人推车轧了一条沟?"

江氏(唱):"赵州的石桥鲁班爷爷修,玉石栏杆圣人留,张果老骑驴桥上走,柴王爷推车轧了一道沟。"

　　在民间文学中,鲁班有匠人的技能和巧思,也有神仙的超人能力,他修造的石桥不仅人间的百姓赞叹,连天上的仙人也闻讯赶来观看。鲁班力举石桥,成为赵州桥传说的情节高潮,也集中体现了他作为仙人的超人形象。

　　孟姜女传说是中国四大民间传说之一,2006年被列入第一批国家级"非遗"名录。它的中心情节是：孟姜女与范喜良相遇成亲,范喜良被抓去修长城,天气变冷之时,孟姜女千里迢迢送寒衣。她来到长城脚下得知范喜良已死的消息,放声悲哭,哭倒长城八百里,暴露出累累白骨。孟姜女滴血认亲,找到范喜良的骸骨。秦始皇见到孟姜女,要娶她为妃。孟姜女提出三个条件(安葬范喜良骸骨、秦始皇披麻戴孝、游海),得到满足后,她纵身跳海,以死殉节。这是一个爱情悲剧,也是一个社会悲剧,孟姜女、范喜良的悲惨命运令人唏嘘不已。但是,正如高尔基在《苏联的文学》一文中说："民间文学是与悲观主义完全绝缘的。"民间传说总是富有乐观主义、理想主义的色彩,任何现实社会的悲惨结局在流传过程中都会被老百姓扭转到反面,而以一种神话的、诗意的、喜剧的情景结束。在各地传说中,孟姜女投海而死的结局很快就被修改为成仙。河北秦皇岛地区的情节是,孟姜女投海之后,被老龙王迎接到龙宫,成为水仙。在湖南洞庭湖地区的传说中,孟姜女投的不是渤海,而是洞庭湖,她投湖之后变成了洞庭水仙。孟姜女从一个苦命女子,变成了水仙,这种喜剧化的结局符合"好人得好报"的思维定式和审美习惯,也让孟姜女的悲苦形象升华为贞烈妇女的典型。

文学艺术类"非遗",在人物形象和故事情节当中,或多或少存在着神仙因素,叙述故事和抒发情感需要借助于神仙,表达理想和愿望也需要借助于神仙,惩处邪恶需要神仙出面,褒奖忠孝贞烈也需要神仙出面。在中国文学艺术(包括口头艺术)中,神仙是社会正义、道德理想的化身,离开神仙很多作品都会黯然失色,甚至难以结构成篇。

修仙而至"无不为"

神仙不仅是我们的信仰对象和审美对象,还体现了一定的社会规范和道德准则,从某种意义上说也是一种生存方式,在当代生活中对我们具有多方面的启迪意义,值得我们备加珍惜。

修仙要顺应自然,通过"无为"达到"无不为"的目的。所谓顺应自然,对于自然事物来说,要顺应其本性,不要做违背事理、逆天而动的事情;对于社会事务来说,要顺应民心,按照社会规则做事情。所谓"无为",并不是不作为,而是不做悖逆天道的事情,顺应物性和事理,只有这样,才能做到"无不为"。所谓"无不为",绝不是为所欲为,而是说按照自然规律和社会规则做事,所有的事情都能够做好,达到预期的效果。当代科学技术高度发展,人类创造出辉煌的生产成果,拥有丰富的物质财富,于是,人类开始自我膨胀,不遵从天道自然,自以为可以为所欲为,造成了一系列社会问题。如过度生产开发造成的环境污染和生态破坏,城市社区人与人的疏离与冷漠造成的社会环境恶化等,都是需要我们回归某些传统生活方式才能解决的问题。

仙人有神性,具有超人的能力,但他们仍然保持清净恬淡、净心寡欲的生活方式。这与某些宗教鼓励人们不断进取、不断扩张的态度不同,也与某些宗教倡导的苦行僧式的禁欲主义不同,道教主张淡薄名利、少私寡欲,不刺激人的欲望,从而造成人的欲壑难填,也不禁绝人的基本的、合理的需求,而是提倡净心寡欲、恬淡自然的生活方式,在无拘无束、知足常乐的生活状态中享受人生。当今社会调查"幸福指数"时,发现大城市里的人、最富有的人幸福指数并不高,反而是那些居住在中小城市、生活水平处于中游的人幸福指数更高。虽然这里有多种因素在起作用,但有一个因素肯定是很关键的,那就是内心感受。当一个人不断跟别人攀比、不断追求更豪奢生活的时候,他就无法感到满足,总是感到自己还需要很多东西,对现状不满意,不知足,由此产生苦恼情绪。这就是所谓的"苦从心生"。清净自然,节制物欲,崇俭抑奢,是疗治当代人浮躁心态和虚荣心理的有效途径。

仙人至善,扬善抑恶,慈爱和同。这种仁善对于维持社会和谐、家庭美满,实现人生理想,都是必不可少的。以不仁不善的方法损人利己,轻则肇生芥蒂,心存罅隙,重则为冤结仇,都会造成人与人之间、人与社会之间的紧张关系,引发不和谐、无秩序的状况。俗话说:"不做亏心事,不怕鬼敲门。"待人以良善之心,则个人内心坦然宁谧,个人生活也会通畅顺达。道教《度人经》提倡"齐同慈爱,异骨成亲",意思是说,人们应该不分亲疏远近都互相慈爱,像亲人一样相处。如果遵循这种处世原则,那么社会就会和平安宁,所有人都能顺利实现自我人生价值。

当代人类面临的巨大困境是生态和环境问题。仙道文化以天为父、以地为母的观念,"慈心于物"、"仁逮昆虫"的爱护自然和生物的主张,以及以洞天福地为理想化居住环境的追求,对我们有诸多启示作用。修炼仙道的基本理念是把人和万物之间、人与宇宙看做相互交流和感应的系统,人通过服气、导引、用药从外物那里获得生命资源,保持生生不息的生命机能,为此人也必须维护好宇宙万物的生命力,保护自然生态的和谐。20世纪中叶以来,西方资本主义国家工业生产迅速发展,对环境的污染和破坏成为一个严峻的社会问题。西方思想家对借鉴东方智慧解决西方生态问题充满期待。英国著名历史学家阿诺德·汤因比认为,如果想要把人类从目前技术所造成的破坏状态中拯救出来,人类需要"正确的宗教教义"。他说:"所谓正确的宗教教义,就是教导我们对人和包括人以外的整个自然抱有崇敬心情的宗教;相反,错误的宗教就是应许牺牲人以外的自然,满足人本身的欲望的宗教。"他指出了道教神仙思想对"整个自然抱有崇敬心情",因而能够保护好自然生态,避免造成严重的环境危机。不可否认的是,从中国传统文化中汲取生存智慧对于解决世界生态危机具有重要的现实意义。

图书在版编目(CIP)数据

仙／黄景春　徐蒙蒙著．—上海：上海辞书出版社,2014.8
(民间信仰口袋书系列)
ISBN 978－7－5326－4261－8

I.①仙… Ⅱ.①黄… ②徐… Ⅲ.①信仰-民间文化-中国 Ⅳ.①B933

中国版本图书馆 CIP 数据核字(2014)第 170036 号

策划统筹　蒋惠雍
责任编辑　商晓燕　王　磊
整体设计　周　晨

仙
黄景春　徐蒙蒙　著
上海世纪出版股份有限公司
上海辞书出版社　出版、发行
中国图书进出口上海公司

2014 年 8 月第 1 版
ISBN 978－7－5326－4261－8/K・983